Mariela Alderete - Mariano Luca

¿Qué es el Ayurveda?

Una introducción a la medicina milenaria de la India

Deva's

¿Qué es el Ayurveda?
Una introducción a la medicina milenaria de la India
© Deva's, 2006

EDITORES: Irene Acero y Osvaldo Baigorria
DISEÑO DE TAPA E INTERIOR: M. Constanza Gibaut
ILUSTRACIONES DE INTERIOR: Arminda San Martín

Deva's
Casa matriz: Avda. San Juan 777 - 3º piso
(C1147AAF) Buenos Aires
República Argentina
Internet: www.devas.com
E-mail: info@devas.com

Alderete, Mariela
  ¿Qué es el Ayurveda?: una introducción a la medicina milenaria de la India /
  Mariela Alderete y Mariano Luca - 1a. ed. - Buenos Aires:
  Deva's, 2006
  128 p.; 22x15 cm.

  ISBN 987-582-025-3

  1. Medicina Hindú-Ayurveda. I. Luca, Mariano. II. Titulo
  CDD 615.53

Esta edición se terminó de imprimir en la planta impresora de Sevagraf S.A.,
Buenos Aires, República Argentina, en agosto de 2006.

Dedicatoria

Dedicamos con amor y devoción este
libro a nuestro amado maestro, que es
el que inspira, sostiene y marca el
rumbo de nuestras vidas.

A nuestra hija Belén, quien con su
ternura y dulzura llena nuestros
corazones de amor.

Agradecimientos

A nuestras familias que nos motivaron
a no olvidar cual es el propósito
esencial en la vida.

A nuestros amigos Haydée, Guillermo,
Ana y Francisco por el apoyo
incondicional que nos brindaron. Y por
la enseñanza, a través de su ejemplo, de
ser mejores personas ayudando a los
que más necesitan.

Gracias a Karina y Gustavo con quienes
compartimos la dulce espera de sus
mellizos Luca y Bautista y de nuestra
hija Belén.

Agradecemos a Irene Acero y a su
equipo de trabajo por la oportunidad
de concretar este libro.

ÍNDICE

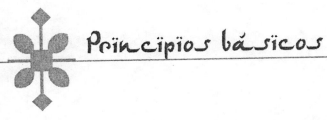

Principios básicos

Cómo y para qué nació el Ayurveda

La medicina ayurvédica es un sistema milenario que surgió en la India con el propósito de prevenir las enfermedades, enseñar el cuidado de la salud y ayudar al ser humano a desarrollar su potencial. Es una combinación de ciencia y filosofía, y es también una medicina tradicional que integra conocimientos sencillos sobre cómo cuidar el cuerpo a través de la alimentación, el Yoga y la meditación, e introduce en la vida cotidiana la espiritualidad invitando a la reflexión sobre el sentido de la existencia humana. Su premisa es que somos parte de un todo e interactuamos en forma permanente con la naturaleza, y que entre el universo y el ser humano existe una interrelación.

Ayurveda significa literalmente "ciencia de la vida". Es una palabra en sánscrito que tiene dos raíces: *ayus*, "vida", y *vid*, "conocimiento". *Ayus* son los ciclos vitales diarios que representan el cuerpo, los sentidos, la mente y el alma. *Vid* (o *veda*) es el conocimiento de nuestro mundo y de cómo funcionan sus componentes.

La sabiduría, la profundidad y sobre todo la gran utilidad práctica del Ayurveda son reflejos de la rica civilización de la cual proviene. Según todos los datos de que se dispone, floreció entre los años 3000 y 1500 a. C., alrededor de lo que se conocía como el Valle del Indo, en una civilización que se encontraba entre las más notables, caracterizada por su desarrollo en el comercio, el cultivo, la escritura y la arquitectura.

La historia cuenta que un grupo de sabios de diferentes partes de la India vio la necesidad de apartarse de su civilización con el fin de encontrar la quietud y la claridad para examinar cuál era la causa de las enfermedades y los efectos de estas sobre el hombre. Por eso abandonaron sus lugares de origen y se dirigieron a los Himalayas para encontrar el conocimiento que les permitiera erradicar la enfermedad del mundo.

Los *rishis*, como fueron denominados estos sabios, meditaron en grupo y, mediante su práctica espiritual y la observación de la naturaleza, lograron adquirir conocimientos sobre la causa de la enfermedad y los métodos necesarios para tratarla. Establecieron un sis-

9

tema llamado *filosofía védica*, que ofrecía una nueva visión de los conceptos de salud y enfermedad. Sobre estas bases organizaron la ciencia de curación conocida como *Ayurveda* o *ciencia de la vida*.

Aquellos sabios fueron los responsables de la transmisión oral de este conocimiento, de generación en generación, a través de versos conocidos como los Vedas. Esos versos luego fueron escritos y en la actualidad son considerados textos sagrados. El Veda más antiguo es conocido como Rig Veda: está integrado por más de mil himnos en los cuales se describen aspectos de la ciencia védica, el Yoga, la meditación, etc. El Ayurveda surge de un Veda menor denominado Atharva Veda.

Así se organizó un compendio que incluía todo el conocimiento ayurvédico como ciencia de la salud, según uno de los médicos más reconocidos de la época: Charaka. Ese compendio de medicina, *Charaka Samhita*, tomó su nombre de su compilador. Sus enseñanzas conforman las bases del Ayurveda según se practica en la actualidad.

El Ayurveda nació para ayudar a los seres humanos a cumplir con los propósitos más elevados de la existencia: descubrir la realidad interna, aprender que todo lo existente es parte de una totalidad y que todo lo que hay en el universo o macrocosmos existe en el hombre, considerado el microcosmos. La interacción entre ambos es lo que determina el estado de equilibrio y la ausencia de enfermedad.

A través de conceptos y prácticas básicas, la medicina ayurvédica enseña que todo lo que hay en la naturaleza tiene un efecto en el hombre en los planos físico, mental y espiritual. Y que darse cuenta de ese efecto nos ayuda a vivir en armonía con lo que nos rodea.

Los tres cuerpos o aspectos

De acuerdo con el Ayurveda, el ser humano está constituido por tres cuerpos o aspectos: el físico, el sutil y el causal. En el lenguaje occidental, podemos referirnos a ellos como cuerpo físico, mente y espíritu. La salud depende del funcionamiento armónico de todas las partes de esta trinidad.

Para mejorar la salud, prevenir las enfermedades y propiciar la longevidad, el Ayurveda utiliza métodos muy prácticos, como enseñar a alimentarnos en forma equilibrada e incorporar a la vida cotidiana la práctica del Yoga y la meditación, entre otros. Además, tiene en cuenta la repercusión de los ritmos de la naturaleza, los cambios estacionales y las diferentes épocas del año sobre la fisiología humana, sobre todo cuando esos cambios pueden producir desequilibrios que afectan nuestra salud. Para ello, ofrece múltiples recursos naturales, como plantas medicinales, masajes con aceites y remedios naturales, con el fin de restablecer el equilibrio corporal y mental.

Por otra parte, cuenta con terapias exclusivas como el *pancha karma* o terapia de desintoxicación, cuyo fin es eliminar las toxinas acumuladas en el organismo, especialmente las del aparato digestivo, a través de planes alimentarios específicos, baños de vapor con hierbas, enemas medicados y masajes con aceites especiales, entre otras.

El Ayurveda plantea la existencia de tres tipos corporales básicos, denominados *Doshas*, que en sánscrito significa "lo que tiende al desequilibrio". Ellos son: *Vata*, *Pita* y *Kapha*. Así se nos enseña que debemos conocer cómo estamos constituidos, cómo funciona nuestra fisiología, qué calidad de pensamientos tenemos y cómo interactuamos con el medio ambiente, del cual somos parte y que nos influye cotidianamente.

Las bases holísticas e integrales

En un estudio realizado en el año 2000, la Organización Mundial de la Salud (OMS) mostró que el 80 por ciento de la población mundial utiliza plantas medicinales y medicinas tradicionales o complementarias para el cuidado de su salud. Estos modelos terapéuticos, dentro de los cuales está incluido el Ayurveda, tienen como bases comunes la enseñanza de que la persona está constituida por un cuerpo y una mente, que estas partes no pueden ser separadas, que una tiene influencia sobre la otra y que el bienestar no es solo la ausencia de enfermedad, sino también el logro de la armonía con el medio que nos rodea.

Otro de los aspectos básicos de estas medicinas es que el ser humano en gran parte es responsable de su salud, ya que tiene que prestar atención a lo que come y a su tipo de actividad física, y que en la naturaleza existen múltiples recursos para ayudar a sanarnos y mantenernos en equilibrio.

A partir de estos enunciados, la OMS implementó un proyecto de trabajo para el rescate de las medicinas tradicionales y el uso de plantas medicinales. Hoy, la medicina ayurvédica es reconocida por la OMS como un sistema médico organizado, de tipo holístico o integral.

De modo que este sistema curativo ha cruzado fronteras y se ha expandido por todo el mundo aportando una mirada diferente acerca de cuáles son los elementos básicos para el autocuidado y la resolución de las enfermedades más comunes.

En qué consiste una consulta con un médico ayurvédico

La primera consulta con un médico ayurvédico se centra en los posibles problemas de salud del paciente y suele durar aproximadamente una hora.

La primera parte de la consulta estará dedicada a establecer el tipo corporal del paciente mediante la observación junto con una serie de preguntas para determinar su fisiología general, dieta habitual, tipo de trabajo, comportamiento social y cualidades de su pensamiento cotidiano.

La segunda parte de la consulta se centrará en reconocer posibles síntomas o signos corporales que indiquen desequilibrio. Para esto, el médico observará en detalle las características físicas generales, examinará la lengua (ya que en ella hay signos específicos del funcionamiento del aparato digestivo que proporcionan abundante información sobre la salud general), controlará el pulso, que tiene variaciones en función de cada tipo corporal y, además, ayuda al diagnóstico de posibles enfermedades.

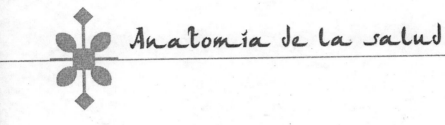

Anatomía de la salud

La teoría de los cinco elementos

El Ayurveda considera que todo está compuesto de cinco elementos: éter, aire, fuego, agua y tierra. Ellos representan los cinco estados de la materia o energía.

El hombre es un microcosmos dentro de la naturaleza, y así como los cinco elementos básicos están presentes en toda materia en diversas proporciones, también existen en cada individuo.

Pero esto no debe entenderse de manera literal, como el fuego de una fogata, el agua del mar, etc. Esta teoría refiere a las cualidades inherentes que caracterizan a cada elemento.

Por ejemplo:

Éter	Fuego	Aire	Agua	Tierra
Estatismo	Calidez	Movilidad	Fluidez	Firmeza
Frío	Fluidez	Frío	Frío	Pesadez
Sutileza	Movilidad	Ligereza	Humedad	Estabilidad
Transparencia	Brillantez	Sequedad	Flexibilidad	Frío

En el cuerpo humano, las cualidades de los cinco elementos estarían ubicadas de la siguiente manera:

El **éter** está presente en cavidades como la boca, la nariz, el tubo digestivo, y también en las vías respiratorias, los capilares de los vasos sanguíneos, los tejidos y las células.

El **aire** aparece en los músculos, las pulsaciones cardíacas, la expansión y contracción de los pulmones, los movimientos del estómago y los intestinos, y la actividad del sistema nervioso.

El **fuego** está representado por el metabolismo y trabaja en el sistema digestivo. También se encuentra en la materia gris de las células cerebrales y en la retina que percibe la luz.

El **agua** se manifiesta en las secreciones del tubo digestivo, en las glándulas salivales, en las membranas de la mucosa y en el plasma.

La **tierra** está presente en las estructuras sólidas: huesos, cartílagos, uñas, piel, músculos, tendones.

Además, los cinco elementos están relacionados con el funcionamiento de los cinco sentidos y con la acción que estos realizan.

Por ejemplo:

Elemento	Sentido	Órgano sensorial	Cualidades elementales
Éter	Oído	Oídos	Sonido
Aire	Tacto	Piel	Presión, frialdad, sequedad
Fuego	Vista	Ojos	Luz, calor, claridad
Agua	Gusto	Lengua	Estado líquido, frialdad, suavidad
Tierra	Olfato	Nariz	Solidez, lentitud, estabilidad

Los Doshas o tipos corporales

Los Doshas o tipos corporales surgen de la combinación de los cinco elementos. Se los considera los tres principios energéticos primarios que regulan todos los procesos de orden físico, fisiológico y psicológico, desde el proceso celular más básico hasta los aspectos más complejos del funcionamiento humano. Sus nombres son: *Vata, Pita* y *Kapha*.

Todo ser humano tiene los tres Doshas o principios energéticos en diferentes proporciones, a veces predomina uno o dos en cada individuo. Un estado armonioso de los tres crea equilibrio, lo cual es fundamental para mantener la salud.

Cada Dosha se compone de las cualidades de dos elementos y de ellos recibe su carácter específico. Por ejemplo:

* Los elementos *éter y aire* se combinan para formar **Vata**.
* Los elementos *fuego y agua* se combinan para formar **Pita**.
* Los elementos *agua y tierra* se combinan para formar **Kapha**.

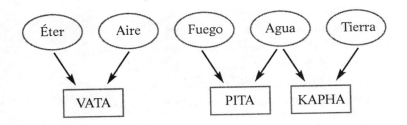

Así, Vata tiene la movilidad del aire y del éter; Pita, la energía del fuego, y Kapha, la estabilidad y la solidez de la tierra.

Como cada uno de ellos se encuentra en diferentes proporciones, la combinación de los tres determina el tipo de constitución de todo ser humano; hace único a cada individuo y es la responsable de las características físicas, fisiológicas y mentales que cada ser manifiesta.

Características de Vata

Vata significa "aquello que hace mover las cosas". Es el Dosha o energía motivadora que impulsa a las otras dos, aquella que gobierna el equilibrio mental y sensorial.

Las cualidades que la caracterizan derivan del aire y del éter: movilidad, rapidez, sequedad, liviandad y aspereza.

Vata representa las funciones corporales concernientes al movimiento. Es la energía que controla las actividades del sistema nervioso, los procesos de eliminación de los desechos corporales y la función respiratoria. Es responsable de las percepciones a través de los órganos de los sentidos. Desarrolla la agilidad y la adaptabilidad, e impulsa a la acción.

Aspectos físicos

El tipo corporal Vata se encuentra en aquellos individuos que poseen las siguientes características generales:
* Estructura corporal delgada.
* Estatura muy alta o muy baja.
* Musculatura poco desarrollada.
* Articulaciones prominentes.
* Piel seca, quebradiza, áspera y fría.
* Cabello fino, por lo general, ondulado.
* Ojos pequeños, hundidos, oscuros y con poco brillo.
* Labios finos.
* Cara angulosa.
* Uñas rugosas y quebradizas.
* Apetito y digestión variables.

Por lo general, son individuos bastante inquietos, con sueño irregular y tendencia a dormir pocas horas, escasa producción de orina y heces duras, secas y de poca cantidad.

Aspectos psicológicos

Las personas que tienen este tipo corporal son activas, creativas y aprenden con facilidad, aunque su memoria es frágil. Son rápidas y ágiles en el aspecto mental, y presentan intereses e inclinaciones variables. Son individuos con capacidades para ser maestros, programadores de computación y excelentes comunicadores en los medios. Tienen gran habilidad para organizar información y un don para la música, las artes y las actividades sociales.

Ejemplo de un tipo corporal con predominio de Vata:

María tiene 45 años, es una mujer entusiasta y muy activa; físicamente es delgada, tiene problemas para aumentar de peso; con frecuencia su sueño es irregular.

Se describe como muy imaginativa e inquieta, ya que baila, pinta y además trabaja como locutora en una radio.

Características de Pita

Pita significa "aquello que digiere las cosas". Es el Dosha responsable de todas las transformaciones químicas y metabólicas del cuerpo, así como de la producción de calor. Está relacionado con la energía almacenada en forma de hormonas, enzimas y neurotransmisores. Todas estas sustancias causan liberación de calor y energía.

Además de regular la temperatura corporal, se relaciona con los procesos de liberación del ácido gástrico y de los jugos digestivos.

En el orden mental, gobierna la capacidad para *digerir* ideas e impresiones; produce brillantez intelectual, entusiasmo y satisfacción.

Aspectos físicos

El tipo corporal Pita posee las siguientes características generales:

* Estructura y altura mediana.
* Desarrollo moderado de la musculatura.
* Piel rojiza o blanca con tendencia los lunares, los angiomas o las manchas de nacimiento; textura suave y caliente.
* Ojos pequeños o medianos, por lo general, de color claro.
* Cabello escaso, con tendencia a encanecer tempranamente.
* Sueño de duración media y reparadora.
* Transpiración abundante, apetito moderado y buena digestión.
* Temperatura corporal quizá levemente elevada.
* Baja tolerancia a la exposición solar.

Aspectos psicológicos

Las personas con este tipo corporal son perceptivas, poseen un intelecto agudo y presentan una visión sistemática del mundo. Tienen dones para ser buenos líderes y grandes oradores. Gustan de las actividades manuales y de realizar investigaciones. Cuentan con gran facilidad para tomar decisiones y organizar a los demás. Están siempre abiertas a las ideas nuevas y tienen un alto sentido de la responsabilidad.

Ejemplo de un tipo corporal con predominio de Pita

Francisco tiene 35 años, es empresario y se considera muy bueno en lo que hace, con tendencia a no cometer errores. Por otro lado, reconoce tener un carácter difícil, que suele llevarlo al enojo. Es ordenado y exacto. Prefiere los alimentos y las bebidas frías.

Características de Kapha

Kapha significa "aquello que mantiene las cosas juntas". Gobierna la forma, provee apoyo, cimienta y da sustancia a la estructura corporal. Reúne las cualidades de los dos elementos que lo componen, agua y tierra. Da firmeza, estabilidad, fuerza al organismo. Es responsable del peso corporal, la cohesión y la estabilidad.

Kapha lo estructura todo, desde una célula individual hasta un sistema como el músculo del cuerpo. Es responsable de la lubricación de las articulaciones, de la excreción y de la secreción de las glándulas corporales. En el plano psicológico también posee fuerza y estabilidad. Confiere resistencia contra la enfermedad y es la energía que puede sostener el proceso de curación.

Aspectos físicos

Los individuos con predominio de este tipo corporal se caracterizan por tener una estructura corporal grande, fuerte y bien desarrollada, así como una buena musculatura. Así, cuentan con:

* Huesos anchos y prominentes.
* Articulaciones bien formadas y lubricadas.
* Tórax ancho y amplio.
* Piel suave y lustrosa, con tendencia a la grasitud.
* Ojos por lo general grandes, atractivos y de color claro.
* Cabello abundante, grueso, lustroso y, en general, ondulado.
* Transpiración moderada.
* Sueño profundo y prolongado.
* Digestión estable con tendencia a la lentitud.

* Sistema inmunológico fuerte.
* Heces pálidas y tránsito intestinal lento.

Aspectos psicológicos
Son personas que en general son tolerantes, benevolentes y amorosas. Su memoria a largo plazo es buena. Poseen creencias sólidas y arraigadas. Son buenas en actividades de servicio y asistencia. Tienen habilidad para el trabajo en grupo o las asociaciones.
Ejemplo de un tipo corporal con predominio de Kapha:
Fernando tiene 25 años, es asistente social y asegura que eligió esa profesión porque no le gusta trabajar solo. Se describe como una persona tranquila, que no se altera con facilidad. Lo que más le gusta es dormir.

La energía de los *gunas*

Para entender la naturaleza y sus influencias en el ser humano, el Ayurveda desarrolló la teoría de los *gunas*, que explica las cualidades presentes en los pensamientos que conforman la mente. Ellas se manifiestan como cualidades que pueden ayudar a expandir la conciencia y conectar con la sabiduría, o contraerla y llevar al ser humano a la ignorancia.

Los *gunas* o energías son tres y se conocen con el nombre de *sattva, rajas y tamas.*

Sattva es la energía que representa la inteligencia. Se relaciona con el contento, la paz, el amor que une a todas las cosas y la bondad. Posee el principio de la claridad, la espiritualidad y la paz. Crea armonía, equilibrio y estabilidad. Es de naturaleza luminosa, tiene un movimiento hacia adentro y hacia arriba; lleva hacia el despertar del alma.

Rajas está relacionada con las cualidades del cambio, la actividad y la turbulencia. Es la energía o *guna* motivadora: siempre busca metas y trata de concretarlas. Posee un movimiento hacia afuera. Mientras que en un término corto es estimulante y provee placer, también causa acciones egoístas e incita a la fragmentación. Es la fuerza de la pasión que ocasiona angustia y conflictos. Debido a su naturaleza desequilibrada, conduce rápidamente al dolor y al sufrimiento.

Tamas es la cualidad del embotamiento, la oscuridad, la inercia y la dureza. Es la fuerza o energía que lleva hacia abajo. Vela y obstruye la acción; está relacionada con la inercia y la desintegración. Es el principio del materialismo y la causa de que pueda velarse la conciencia. Atrae la ignorancia y el engaño a la mente, así como la insensibilidad y la pérdida de la conciencia.

Descubra su Dosha: test para determinar el tipo corporal

Hemos visto que los cinco elementos se manifiestan en el cuerpo mediante los tres Doshas o energías primordiales. Lo que denominamos *Tridosha* (Vata-Pita-Kapha) está siempre presente en el ser humano, aunque en diferentes proporciones, lo que hace que cada individuo sea único.

24

De modo que existen siete tipos de constitución básica: tres en los que predomina un solo Dosha (Vata, Kapha o Pita), tres que reflejan una fuerte mezcla de dos Doshas (Vata/Pita, Pita/Kapha, Vata/Kapha) y uno en que los tres parecen tener la misma influencia.

A través de un sencillo test podemos aprender a determinar cuál es nuestro tipo corporal.

Elementos que deben tenerse en cuenta antes de comenzar

1. Observar los elementos indicados en la columna de la izquierda y decidir luego si la característica señalada corresponde a Vata, Pita o Kapha.
2. Realizar una observación sincera de las características personales.
3. Buscar rasgos permanentes. Ejemplo: si mantuvo su peso corporal durante años y sólo ha aumentado recientemente, es probable que eso se deba más a cambios en la alimentación actual que a la constitución.

4. Tomar como punto de referencia las características del grupo étnico al que uno pertenece.

5. Pedir ayuda y contrastar las observaciones realizadas con algún familiar o amigo que nos conozca bien.

Forma de llenar los casilleros:

＊ No hay respuestas buenas o malas. La información es simplemente una guía para ayudar a entender una combinación particular de Doshas.

＊ Tomarse el tiempo necesario para valorar los elementos del cuestionario.

＊ Para cada elemento, marcar con un guión la descripción dóshica que más se acomode a cómo uno es o fue. Si dudamos entre dos descripciones, marcar las dos.

＊ Saltear los elementos que podamos no conocer en este momento, como la fertilidad.

＊ Puede ser de gran utilidad contestar los cuestionarios desde dos perspectivas:

a) ¿Cómo se siente en este momento?

b) ¿Cómo es o era usted en su estado ideal?

Cotejando las diferencias entre una y otra, podemos orientarnos sobre el tipo de desequilibrio que acaso se presente en la actualidad.

Características físicas

Parte del cuerpo	Vata	Pita	Kapha
Piel	Fina, seca, oscura, fría	Clara, suave, lustrosa, cálida. Muchos lunares	Gruesa, pálida o blanquecina, grasa. Fría.
Cabello	Fino, moreno, crespo o rizado	Fino, moldeable, rubio o castaño rojizo	Abundante, grueso, lustroso ondulado, castaño.

Parte del cuerpo	Vata	Pita	Kapha
Cara	Alargada, angulosa; a menudo, con mentón poco desarrollado	En forma de corazón; con frecuencia, mentón muy marcado	Ancha, plena, redondeada.
Cuello	Delgado. Muy largo o muy corto.	Proporcionado, mediano.	Sólido, grueso
Nariz	Puede ser aguileña, pequeña o estrecha.	Definida, en punta, de tamaño mediano.	Ancha, de punta achatada
Ojos: tamaño	Pequeño, estrecho o hundido	Normal	Grande, de tipo saltón
Ojos: color	Negro, marrón o gris	Azul claro, gris claro, avellana	Azul o castaño claro
Ojos: brillo	Escaso	Intenso	Atractivo
Dientes	Irregulares, salientes. Con encías descarnadas	De tamaño mediano; amarillentos	Grandes, blancos; con encías carnosas
Boca	Pequeña	De tamaño mediano	Grande
Labios	Finos, estrechos, tirantes	Normales	Carnosos, gruesos
Estructura corporal	Alta o baja (extremos)	Mediana	De mediana a grande
Huesos	Ligeros y sobresalientes	Proporcionada	Pesados y anchos
Peso	Revela delgadez	Estable y equilibrado	Revela tendencia a engordar
Preferencias de temperatura	Adora el calor	Le encanta el frío	Le molesta el frío

Parte del cuerpo	Vata	Pita	Kapha
Sueño	Ligero, irregular	Reparador pero corto	Profundo, prolongado
Deposiciones y eliminaciones	Irregulares, estreñidas. Heces secas y duras	Regulares. Heces blandas	Eliminación lenta, copiosa, pesada.
Nivel de actividad	Siempre hace muchas cosas. Agitado	Moderado	Escaso
Resistencia	Agota rápidamente su energía y luego necesita recuperarse	Controla bien su energía	Mucho aguante
Transpiración	Mínima	Profusa, especialmente si hace calor. Olor corporal intenso	Moderada, pero presente aun sin realizar ejercicio
Deseo sexual	Intenso, pasajero; con tendencia a la fantasía	Fuerte; deseos y acciones a la par	Lento; mantiene después la pasión
Forma de hablar	Atropellada	Aguda, clara, precisa	Lenta, tal vez trabajosa
Fertilidad	Baja	Mediana	Buena

Cómo determinar la constitución mental

Así como determinamos la constitución corporal, podemos establecer la constitución mental de cada ser humano.

La siguiente serie se centra en el estado mental. Piense acerca de su forma de ver la vida y considere cómo es su respuesta al entorno mental y emocional. Debe comparar las respuestas con la opinión de alguien que lo conozca.

Características mentales

Área	Vata	Pita	Kapha
Tipo de pensamiento	Superficial, con muchas ideas. Hay más pensamientos que hechos	Preciso, lógico; planea bien y consigue llevar a cabo sus planes	Tranquilo, lento; no se le puede imponer prisa. Buen organizador
Memoria	Escasa a largo plazo, aunque aprende rápidamente	Buena, rápida	Buena a largo plazo, pero le lleva tiempo aprender
Creencias	Las cambia con frecuencia, según su estado de ánimo reciente	Extremadamente firmes, capaces de gobernar sus actos	Firmes y profundas; no las cambia con facilidad
Emociones	Revelan temor, inseguridad, ansiedad	Muestran ira, arbitrariedad	Manifiestan codicia, posesividad y complacencia
Trabajo	Creativo	Intelectual	Asistencial, de servicio
Estilo de vida	Errático	Ocupado; revela grandes aspiraciones	Constante y regular, quizás anclado en una rutina
Personalidad	Sensible, variable	Fuerte y enérgica	Tranquila y reservada
Economía	Gasta impulsivamente	Gasta con sensatez	Ahorra; revela avaricia

Cómo evaluar los resultados

El Dosha con el mayor número de respuestas afirmativas es el tipo constitucional predominante. Si dos tipos tienen un número parecido de respuestas afirmativas, su tipo constitutivo es probablemente uno de los cuatros secundarios.

Ejemplo:

* Si hay 20 respuestas en Vata, 8 en Pita y 3 en Kapha: su tipo constitucional es Vata.

* Si hay 12 respuestas para Vata, 15 para Pita y 4 Para Kapha: su tipo constitucional es Pita/Vata.

Biorritmos
de la naturaleza

Las etapas de la vida

Con el paso del tiempo, todos podemos constatar que hay tres etapas importantes en la vida: la niñez, la adultez y la vejez. Tres estadios que a menudo no son bien comprendidos ni vivenciados a causa del ritmo de la sociedad actual, sumergida en la inmediatez y desconectada de la naturaleza. Otro factor de desorientación es la moda actual del *unplugged* (desconectado), del distanciamiento de las raíces que nos dan sentido de pertenencia y contención.

La sabiduría del Ayurveda nos propone una mayor comprensión de estas etapas importantes de la existencia, que podemos encuadrar en el concepto de *biorritmo de la vida*. En las etapas se expresa cada Dosha en su debido momento como fuerza natural y vital en el tránsito adecuado y armonioso por este planeta.

Sin importar el tipo de Dosha que tengamos, desde el nacimiento hasta el período de la adolescencia (la explosión hormonal en el cuerpo que se da más o menos a los 14/15 años), transitamos el primer biorritmo. Este es el período Kapha, una etapa que se caracteriza por la formación de la estructura corporal y de la personalidad. Es una fase de crecimiento corporal e intelectual, de acopio de información y de aprendizaje de cómo funciona el mundo que nos circunda, en especial si vivimos en una sociedad en continuo cambio y evolución. Cuando se transitan los primeros años de vida, se viven los desequilibrios naturales de esa etapa, con problemas respiratorios como las bronquiolitis, los resfríos, las gripes y la tos, todas ellas alteraciones o congestiones pulmonares. Debido a que este es el órgano donde se concentra Kapha, con más frecuencia se manifestarán estos desequilibrios si tenemos predominancia del Dosha Kapha en nosotros.

En la adolescencia comienza la manifestación del biorritmo Pita, que se extiende hasta los 50/55 años de vida, aproximadamente. Esta es la etapa en que el desarrollo y la maduración de nuestras capacidades humanas se ponen en marcha para proyectarnos como seres vivientes en un vasto universo. La actividad, la acción y la vitalidad es la característica de esta fase, que será presa fácil de los desórdenes de Pita, acentuados si este Dosha predomina en nosotros.

Con la menopausia en el sexo femenino y la andropausia en el masculino, comienza el último biorritmo vital: Vata, una etapa en la cual la sabiduría de la vida nos hace cada vez más sutiles en todos los órdenes, físico, mental, emocional y espiritual. En este período, nuestro cuerpo va perdiendo agua, y con ello comienza a perder elasticidad y tamaño. Toda nuestra estructura física disminuye, la piel se reseca (aparecen las arrugas), perdemos masa corporal y decrece la memoria; como contrapartida, el área intelectual y la emocional ganan importancia y adquieren una mejor síntesis de la vida.

La influencia del tiempo

El tiempo de la naturaleza tiene un ritmo y un movimiento que están en relación directa con la influencia del Sol sobre la Tierra. Nuestro biorritmo de vida está conectado directamente con el ritmo circadiano del Sol, o sea, el período de veinticuatro horas del día.

Cuando medimos el paso del Tiempo/Sol en el término de un día, derivan las horas, las semanas, los meses y los años. Al ocurrir ese movimiento en la naturaleza, observaremos la manifestación de las diferentes estaciones climáticas a lo largo del año.

Cada una de las estaciones modifica e influencia de alguna manera nuestra propia naturaleza. Cada una de ellas se conecta con un Dosha en particular. Por ejemplo, en el otoño y parte del invierno predominan las cualidades de Vata. Dado el principio de que *lo semejante aumenta lo semejante*, en ese período del año se incrementan tanto el desequilibrio como las debilidades de este Dosha. El otoño, en particular, es la peor estación para el tipo corporal Vata, ya que el clima es muy variable, con temporales, viento, muchos días nublados, entre otros fenómenos. Por eso, nuestros ancianos dicen que se manifiestan dolores articulares cuando está por llover o si el cielo se encuentra nublado. En este período, los Vata deben reforzar la disciplina de las rutinas de vida para conservar la armonía en todos los aspectos.

Por otro lado, las personas con predominancia de Pita deben ser más rigurosas en sus rutinas de vida durante el verano o en cualquier momento del año en que aumente la temperatura ambiental, ya que ello incrementará la energía del fuego y, así, tenderán a la deshidratación por el aumento de la sudoración. Durante ese período, también, se pondrán más irritables y colorados.

Por su parte, los biotipos Kapha deberán incrementar su disciplina rutinaria durante el invierno y la primavera, cuando la energía de este Dosha es mayor en la naturaleza, algo que genera el desborde de materia y el acopio típico de Kapha.

En general, todos los tipos corporales deberán estar alerta a los cambios dentro de una misma estación, al momento en que se transita de una estación a otra o a cuando el "clima propio" *sabe* en qué estación está, más allá de lo que diga el calendario. La confusión externa de los cambios se reflejará en nosotros y nos desequilibrará. Por lo cual, se debe tener mucho cuidado durante las transiciones estacionales y tratar de eliminar los excesos de los Doshas para estar inmunes a las variaciones del clima.

Predominios de los Doshas en días, meses y años

- *Vata predomina:*
  - Después de cada comida y hasta la digestión.
  - De 2 a 6 hs. y de 14 a 18 hs. del día.
  - Durante el otoño y el principio del invierno.
  - En la vejez, de los 50/55 años en adelante.

- *Pita predomina:*
  - Durante la digestión de los alimentos.
  - De 10 a 14 hs. y de 22 a 2 hs. del día.
  - Durante el verano.
  - En la edad adulta, sobre todo de los 15/18 hasta los 50/55 años.

- *Kapha predomina:*
  - En la asimilación de las comidas.
  - De 6 a 10 hs. y de 18 a 22 hs. del día.

*Al final del invierno y durante toda la primavera.

*Desde el nacimiento hasta la adolescencia (15/18 años).

Las rutinas estacionales *(ritucharya)*

Si tenemos en cuenta que el clima es un factor importante en nuestra vida, llevaremos un patrón de conducta acorde con el tiempo de la naturaleza. Tomaremos la cualidad (que es la expresión justa que sintetiza el equilibrio para un determinado Dosha) y el tiempo o la estación del año como claves de trabajo durante los quince días que dura la transición estacional. Por ejemplo: una semana antes del 21 de diciembre y una semana después de esa fecha, mantendremos un mayor énfasis en la disciplina de las rutinas diarias.

Cómo equilibrar a Vata

Cualidad clave: Regularidad.

Tiempo: El exceso de Vata debe ser eliminado entre el verano y el otoño.

* Que la rutina sea el pilar del día.
* Mantenerse cálido durante todo el día.
* Salutaciones al sol durante 10 minutos todos los días.
* Automasaje antes de bañarse.
* Tomar un baño caliente todas las mañanas.
* *Pranayama* alternante (véase cap. "Rutinas de vida").
* Meditación cuando sale y se pone el sol (durante 15 minutos).
* *Abhyanga* (masaje) regular en la semana de cambio estacional.
* No realizar actividades físicas fatigantes.
* Vestimenta de colores alegres y cálidos.
* Tomar sol 10 minutos diarios.
* Tomar abundante líquido y jugos frutales.

* Comer con intervalos regulares.
* Escoger alimentos calientes y condimentados.
* Antes de cada plato, tomar una entrada de caldo vegetal.
* Como entradas, evitar las ensaladas y los alimentos congelados.
* Reducir al mínimo la ingestión de alimentos crudos, en especial las familias del brócoli, coliflor, repollo y las manzanas verdes.
* Realzar los sabores dulces, salados y agrios.
* Comer pastas con salsas de vegetales bien condimentadas.
* Ingerir panaché de verduras con huevos cocinados al vapor.
* Preferir postres como arroz con leche y dulce con canela.
* Comer quesos, lácteos, azúcar integral y mucha fruta dulce (compotas).
* Ingerir comidas que contengan granos, arroz, trigo, avena, porotos *mung*, papas, pan integral, huevos.
* No terminar cansado el día.
* No mirar mucha televisión.
* Acostarse temprano, luego de meditar unos 5 o10 minutos.

Cómo equilibrar a Pita

Cualidad clave: Enfriamiento y tolerancia.
Tiempo: Intensificar la disciplina entre primavera y verano por el exceso del Dosha en este período.
* Comenzar y mantener el día con alegría y gratitud.
* Mantenerse fresco e hidratado.
* Tomar mucho aire fresco, sobre todo antes de que salga el sol.
* Caminar descalzo sobre el rocío de la primera mañana y en la medianoche.
* Ducharse con agua natural y fresca.
* Automasaje, sobre todo en los pies, con aceite de coco.
* *Abhyanga* general (masaje) para reducir el estrés.
* *Pranayama* refrescante (véase cap. "Rutinas de vida").
* Practicar meditación matutina.

* Realizar actividad física regular, grupal, no competitiva, y natación.
* Usar ropa fresca y de color pastel.
* Tomar abundante líquido, jugos frescos.
* Evitar el café y los tóxicos como el alcohol y el cigarrillo.
* Que abunden los alimentos crudos y frescos en las comidas.
* En general, se recomienda una dieta ovo-lácteo-vegetariana.
* Evitar las comidas oleosas, fritadas, saladas, especiadas y la carne roja.
* Dar preferencia a la leche, la manteca y los granos integrales.
* Comenzar y terminar las comidas con sabores dulces.
* Comer verduras de hojas verdes, arroz blanco, trigo, avena, arvejas, soja, calabacín, coliflor, papas.
* No seguir trabajando en casa una vez finalizada la jornada laboral.
* Evitar la televisión de noche.
* Meditar antes de acostarse (durante 15 minutos).
* Terminar el día disfrutando de que todo lo vivido ha sido generoso con nosotros y nuestro entorno.

Cómo equilibrar a Kapha

Cualidad clave: Actuar y compartir.
Tiempo: Al final del invierno y durante toda la primavera intensificaremos la disciplina de las rutinas.
* Estimular el cambio y el movimiento en nuestro ser.
* Comenzar el día temprano, cuando sale el sol.
* Ducha caliente.
* Ejercicio físico: correr, bicicleta, aeróbics durante 20 minutos. Es recomendable, si se puede, tener un entrenador personal
* *Pranayama* calorífico (véase cap. "Rutinas de vida").
* Meditación en la luz (durante 15 minutos; véase cap. "Rutinas de vida").
* Breve desayuno con frutas secas, peras, manzanas, pasas de uva.
* Preferir los sabores amargos, astringentes y picantes.

* Procurar el consumo de alimentos cocinados, calientes y picantes.
* Evitar las grasas, las comidas aceitosas y las frituras.
* Evitar los lácteos y los quesos.
* Comer lo justo y necesario.
* No ingerir demasiados líquidos y dulces.
* Endulzar con miel.
* Consumir una dieta vegetariana.
* Preferentemente, realizar un ayuno semanal.
* No dormir durante el día.
* Usar ropa de color cítrico.
* Buscar amistades motivadoras y alegres.
* Concurrir a actividades que nos saquen de la rutina de la casa y el trabajo.
* Evitar la vida rutinaria y triste.
* Motivarnos con nuestra belleza interior y compartirla con los que tienen menos en la vida.

Además, como en este Dosha predomina la humedad y hay una tendencia a la retención de líquidos, se recomienda tomar un masaje de drenaje linfático que combatirá el estancamiento de líquidos o los edemas. Este masaje debe realizarlo un profesional idóneo.

También se recomienda un masaje o automasaje con guantes de seda, también llamado masaje seco (ya que la sequedad es una cualidad disminuida en Kapha), para equilibrar, movilizar y activar este Dosha.

La alquimia de la cocina

Una alimentación rica y sana

En los textos antiguos del Ayurveda se proponen diez principios para una dieta saludable y se explica cómo comer para que el equilibrio mental y corporal sea una realidad y no un sueño inalcanzable. Según decía el sabio médico Charaka: "La buena digestión es proveedora de salud. Cada célula fue creada a partir de la alimentación. Si el alimento es bien aprovechado, la célula se construye bien; si se usa mal, se origina el proceso de enfermedad".

El Ayurveda nos demuestra que la salud está al alcance de todos y que es cuestión de aplicar los principios de la dieta con conciencia y criterio. Al comienzo, podemos implementar algunos pocos principios y luego avanzar hacia otros más. Con el tiempo, veremos resultados concretos.

Los diez principios son:
1. El alimento debe estar caliente (cocinado).
2. Debe tener buen sabor y ser de fácil digestión.
3. Se debe comer en la proporción adecuada: la cantidad no debe ser ni escasa ni excesiva.
4. Comer con el estómago vacío, después de haber terminado la digestión de la última comida, y no antes.
5. Obtener el alimento sin violencia y por medios honestos.
6. Comer con alegría y en un ambiente armónico.
7. No comer apurado.
8. No comer después de una situación violenta o de espanto.
9. Concentrarse en la comida que se está ingiriendo.
10. Comer sólo alimentos que nutren la particular constitución de cada uno y que sean convenientes para nuestro temperamento mental y emocional.

43

Para el Ayurveda, el alimento es tanto medicina como sustancia nutricia: la primera farmacia que previene las enfermedades y permite alcanzar el equilibrio psicofísico tan ansiado. Una farmacia muy cercana, dentro de la propia casa; la que nuestras queridas abuelas utilizaban con un conocimiento intuitivo y heredado cuando decían que tal o cual especia o hierba medicinal nos mejoraría del dolor de panza, de la fiebre o de cualquier malestar que nos aquejara.

La nutrición ayurvédica incluye conceptos propios, y enseña que es necesario incrementar el fuego digestivo *(agni)* para absorber en forma adecuada los nutrientes de los alimentos. Este concepto es uno de los pilares de la medicina ayurvédica, que se sustenta en el equilibrio de los sabores que debe contener un plato de comida.

Cada alimento tiene cualidades particulares (puede ser pesado, liviano, caliente, seco o frío, entre otras), y el Ayurveda considera el impacto que estas tendrán en cada tipo corporal para equilibrarlo o desequilibrarlo, ya que la combinación inadecuada es una de las principales causas de enfermedad. Un ejemplo de equilibrio es cocinar alimentos con cualidades calientes, livianas y húmedas, porque ellas tienden a estimular la digestión.

También se debe tener en cuenta que los alimentos cocidos tienen mejor tolerancia por parte de los tipos corporales Vata, mientras que los alimentos crudos se utilizan especialmente para equilibrar las constituciones Pita y Kapha.

La cualidad del sabor

El poder de los alimentos se manifiesta sólo cuando estos se usan en la proporción y la combinación adecuadas en relación con la condición de cada individuo.

Como veremos en el capítulo donde tratamos las plantas medicinales, el sabor se denomina *rasa* en sánscrito, lo cual refiere a la parte esencial, a las cualidades verdaderas de un alimento, aquellas que transmiten su efecto vivificante a la fisiología humana.

En la perspectiva ayurvédica, los sabores se construyen a partir de diversos componentes. Todos conocemos la experiencia del sabor cuando nos ponemos un alimento o una hierba en la boca. El estímulo que produce el sabor en el sentido del gusto tendrá una repercusión en toda la fisiología humana. Y las cualidades de los sabores surgen de la combinación de las cualidades de los cinco elementos.

Rasa (sabor) o cualidad	Elementos
Dulce	Tierra y agua
Salado	Fuego y agua
Ácido/agrio	Tierra y fuego
Picante	Fuego y aire
Amargo	Éter y aire
Astringente	Tierra y aire

Cada uno de los sabores identificados por el Ayurveda tienen cualidades o *gunas*: un sabor puede ser, por ejemplo, liviano o pesado, húmedo o seco. Estas características específicas de cada sabor influyen sobre nosotros tanto en el corto como en el largo plazo.

Los alimentos ligeros suelen ser de fácil digestión y asimilación, mientras que los pesados toman mayor esfuerzo y energía para ser digeridos.

Los sabores húmedos tienen un efecto lubricante sobre el cuerpo, mientras que los secos e ingeridos en exceso producen estreñimiento.

Observemos cómo trabajan cada uno de los sabores:

45

DULCE
Disminuye un poco o produce una leve inhibición de la digestión cuando es frío. Tiende a ser pesado y húmedo. Lo encontramos en el azúcar, los caramelos, los almidones, la crema, el trigo, las uvas y los helados, entre otros. Este sabor genera fuerza y también un efecto ligeramente laxante y tonificante. En exceso, nos deja sus cualidades de pesadez y humedad, pero ingerido con moderación, provoca una buena digestión en los Pita. Este sabor equilibrado nos otorga un sentimiento de encanto y bienestar, una profunda sensación de satisfacción. Ingerido en exceso, puede producir complacencia y dejadez.

✳ *En Vata*: Calma la energía mental y brinda elementos que este tipo corporal no posee como la tierra, el agua y la cualidad de la humedad.

✳ *En Pita*: Refresca y tranquiliza.

✳ *En Kapha*: El sabor dulce existe en abundancia, por lo cual no es apropiado que este tipo corporal consuma alimentos con este rasa.

ÁCIDO / AGRIO

Ayuda a la digestión y tiene un efecto de calor suave sobre el cuerpo; su primer impacto es estimulante.

✳ *En Vata*: Este tipo corporal se beneficia del calor y la humedad de este sabor, y puede ser de total servicio para la digestión.

✳ *En Pita*: Es algo contraproducente porque el calor del sabor agrio es lo que más tiene este tipo corporal.

✳ *En Kapha*: Resulta opresivo lo pesado y lo húmedo de este sabor, y causa retención de fluidos y, con ello, de peso.

En el aspecto emocional y mental, una pizca de sabor ácido refresca el sentido realista de la vida, una cualidad que nos trae de regreso a la realidad.

SALADO

Tiende a ser algo húmedo y pesado, pero menos que el sabor dulce. Estimula la retención de agua pero no de peso, como el dulce. Tiene cualidades emolientes (suaviza las membranas). Inicialmente, posee una acción de calor y también laxante.

✳ *En Vata*: Es beneficioso por lo pobre del trabajo digestivo de este tipo corporal; aporta calor y humedad.

✳ *En Pita*: Puede resultar perjudicial el calor de lo salado.

✳ *En Kapha*: Tiene dos efectos opuestos: por un lado, el calor es beneficioso y, por el otro, la humedad es contraproducente.

PICANTE

De todos los sabores, este es el que más estimula el fuego digestivo. Lo encontramos en pimienta, ajo, cebolla, mostaza, jengibre y canela.

❋ *En Kapha*: Sus cualidades ligeras y secas son óptimas para equilibrar a este Dosha, que sufre de humedad excesiva y de pesadez.

❋ *En Vata*: En pequeñas cantidades, puede serle útil, en especial en combinación con otras especias y con otros sabores que no sean secos (curry; dulce, salado, ácido), con lo que aumenta el fuego digestivo. Las grandes cantidades agravan sus problemas, ya que lo seco y lo liviano del picante no benefician a Vata: le producen hipermovilidad y deshidratación en el sistema.

❋ *En Pita*: Este calor y liviandad puede agravarlo; mejor combinar con otros sabores o evitarlo.

AMARGO

Es el más liviano y fresco de todos los sabores, aunque muestra una tendencia a la sequedad. Esto significa que lo amargo continúa produciendo efectos de sequedad y liviandad con el tiempo, pero en cantidades moderadas es fresco por su efecto posdigestivo.

Lo encontramos en hojas verdes como la espinaca, la acelga, el té verde, la cúrcuma, el café y el boldo.

Lo amargo provee un excelente equilibrio para lo pesado y lo húmedo que tiene la sal, el ácido y el dulce.

❋ *En Pita*: Es especial por ser uno de los sabores que más lo equilibra; sus cualidades de frialdad y sequedad mejoran el funcionamiento digestivo.

❋ *En Kapha*: Equilibra sus cualidades pesadas y húmedas.

❋ *En Vata:* Está contraindicado.

ASTRINGENTE

La cualidad de astringente no es tan fría como el sabor amargo, pero en cantidades breves es fría, seca y liviana. La encontramos en las leguminosas, la banana verde y la granada.

Su efecto de contracción retrasa el proceso digestivo, ya que contrae los vasos sanguíneos e inhibe el libre flujo de la sangre, las enzimas y la energía.

❋ *En Vata*: No es muy apropiada porque tiene sus mismas cualidades y las aumenta.

❋ En Pita: Es moderadamente fresca.

❋ En Kapha: Ayuda a equilibrarse con las cualidades de sequedad y liviandad.

El fuego de la digestión

El *agni* es el fuego del interior del cuerpo, aquel que enciende todos
los procesos biológicos de la vida. Todo depende de él: inteligencia,
entendimiento, atención, salud, fuerza vital, temperatura esencial,
digestión y la vida misma. Por eso, se lo llama "fuego digestivo".
Una de sus principales funciones es transformar los alimentos que
ingerimos en formas asimilables.

Muchas enfermedades se originan en el mal funcionamiento del
sistema digestivo, y esto casi siempre deriva de la perturbación del
agni. Este no solamente es responsable del desdoblamiento de las
sustancias que ingerimos sino que también destruye toxinas y virus,
entre otros. Cuando el *agni* funciona correctamente, hay una digestión excelente, eliminación normal, buena circulación y energía
abundante. Cuando está alterado, la digestión es pobre e incomple-
ta, y tanto el metabolismo como la fisiología del cuerpo-mente se
dañan o se ven afectados.

48

Los alimentos mal digeridos forman una toxina llamada *ama*,
que posteriormente fermenta y se adhiere a las paredes del estómago y de los intestinos. Esto causa mal aliento, estreñimiento, gases
intestinales, mala circulación y disminución de la energía vital.

Hay factores específicos que perturban el funcionamiento del *agni*:

* Comer de más o de menos.
* Comer a horas inapropiadas.
* Comer alimentos no nutritivos.
* Comer cuando no concluyó la digestión anterior.
* Dormir en exceso.
* Cambios drásticos en los hábitos alimentarios.

Clasificación de los alimentos

Alimentos de digestión rápida:		
Calabaza amarga	Zanahoria	Arroz
Granada	Pimienta negra	Lentejas
Radicheta	Limón	Cúrcuma
Manzanas	Jengibre seco	Jengibre fresco

Alimentos de digestión pesada:		
Lenteja negra	Pochoclo	Brote de soja/lenteja
Pepino	Espinaca	Sésamo (semilla)
Banana	Papa	Naranja
Dátiles	Almendras	Vegetales secos
Trigo	Limón dulce	Melaza
Sandía	Porotos manteca	Mango
Yogur	Arvejas verdes	

A los alimentos que aumentan las condiciones de un Dosha se los llama *productores*. Son aquellos que equilibran o disminuyen un tipo corporal.

Alimentos productores de Kapha:		
Lentejas negras	Mango	Jugo de mango
Azúcar	Sésamo	Leche
Naranja	Arvejas	Brotes de soja
Vegetales secos	Melaza	Manzana roja
Coco	Higos frescos	Melón
Papaya	Papa	Zapallo
Tomate	Zucchini	Aceitunas

Alimentos productores de Pita:

Frutas agrias/ácidas	Berenjena	Puerro
Banana	Fenogreco	Tomate
Remolacha	Ajo	Nabo
Zanahoria	Aceitunas verdes	Pimiento rojo
Cebolla	Centeno	Miel
Mostaza	Carnes rojas	Pistacho
Maíz	Lentejas	Salsa de soja
Quinoa	Almendras	Alcohol
Avena seca	Sésamo	

Alimentos productores de Vata:

Frutas secas	Berenjena	Avena seca
Pera	Lechuga	Centeno
Manzana	Cebolla cruda	Salvado
Granada	Porotos	Lentejas
Brócoli	Pimiento	Garbanzos
Coliflor	Papa blanca	Soja
Repollo	Nabo	Azúcar blanca
Apio	Maíz	

Alimentos que disminuyen Kapha:

Jengibre	Apio	Nabo
Manzana verde	Choclo	Cebada
Cereza	Berenjena	Maíz
Higos	Ajo	Avena
Pera	Puerro	Arroz
Mango	Cebolla	Centeno
Ciruela	Pimiento	Huevos
Espárrago	Lechuga	Aduki
Remolacha	Hongos	Garbanzos
Brócoli	Papa blanca	Lentejas rojas
Repollo	Radicheta	Porotos

Alimentos que disminuyen Kapha:

Zanahoria	Espinaca	Miel fresca
Coliflor		

Alimentos que disminuyen Pita:

Frutas dulces	Apio	Arroz blanco
Coco	Arvejas	Trigo
Higos	Chaucha	Huevo blanco
Dátiles	Lechuga	Aduki
Melón	Hongos	Poroto negro
Naranja dulce	Aceitunas negras	Garbanzo
Pera	Okra (quimbombó)	Poroto colorado
Sandía	Palta	Lentejas comunes
Achicoria	Pimiento verde	Porotos *mung*
Espárrago	Batata	Soja
Brócoli	Papa blanca	Tofu
Repollo	Cebada	Melaza
Coliflor	Avena cocinada	
Pepino	Arroz *basmati*	

51

Alimentos que disminuyen Vata:

Frutas dulces	Limón	Pepino
Palta	Lima	Hinojo
Banana	Naranja	Chauchas
Cerezas	Durazno	Aceitunas
Coco	Ananá	Batata
Dátiles	Ciruela	Zapallo
Higo fresco	Espárrago	Rábano
Uva	Remolacha	Zucchini
Kiwi	Zanahoria	

El uso de las especias

Las especias usadas en la forma y la cantidad adecuada son un buen complemento en la cocina ayurvédica. Son utilizadas para equilibrar los elementos (éter, aire, fuego, agua y tierra) de los sabores y cualidades: todos ellos deben encontrarse en forma armónica para que el alimento ingerido cumpla una función saludable.

Especia	Vata	Pita	Kapha
Anís	Disminuye	Aumenta	Disminuye
Asafétida	D	A	D
Azafrán	D	A	D
Canela	D	A	D
Cardamomo	D	A	D
Cayena	D	A	D
Clavo	D	A	D
Comino	D	D	D
Coriandro	D	D	D
Cúrcuma	D	A	D
Fenogreco	D	A	D
Hinojo	D	D	D
Jengibre	D	A	D
Menta	D	D	D
Mostaza	D	A	D
Orégano	D	A	D
Páprika	D	A	D
Peperina	D	D	D
Pimienta negra	D	D	D
Sésamo	D	A	A

Recetario básico

1. Kichadi digestivo
2. Arroz especiado y yogur
3. Dhal tridóshico
4. Dhal reductor de ama
5. Samosas (empanadas)
6. Tarta de mijo y verduras
7. Elaboración de panir
8. Panir c/ arroz y hortalizas
9. Gulab Jamun
10. Manzanas al horno

KICHADI DIGESTIVO
Tiempo de preparación: 1 1/2 horas
– Vata, + Pitta, – Kapha

1/2 cucharadita de té de semillas de comino
2 cucharadas de ghee o aceite de girasol
3 hojas de laurel
1 cucharadita de semillas de coriandro
1/2 cucharadita de cúrcuma
1 cucharadita de orégano seco
1/2 cucharadita de sal marina
1 trocito de kombu
1 cucharadita de raíz de jengibre rallada
1/2 taza de arroz basmati
1/4 taza de porotos mung partidos
4 a 6 tazas de agua
3 tazas de vegetales cortados en cubitos
(zanahorias, zucchini, zapallitos, etc.)

Lavar el arroz y los porotos hasta que el agua de enjuague esté clara. Calentar el *ghee* en una cacerola mediana. Colocar las semillas de comino, laurel, coriandro y orégano. Dorarlas ligeramente hasta que liberen el aroma. Colocar la cúrcuma, el arroz y los porotos; remover. Agregar el agua, sal, el *kombu* y el jengibre. Cocinar a fuego lento o mediano hasta que el arroz y los porotos estén blandos.

Lavar y cortar en cubos los vegetales, agregarlos a la cocción y dejarlos hasta que estén tiernos.

Comentario:

Pita puede aderezar generosamente con hojas de coriandro fresco picado. En los Kapha, el *ghee* o el aceite deberá reducirse a una cucharadita. Si Kapha está compartiendo la comida con otros Doshas, especialmente Vata, podrá adicionar *ghee* una vez preparado el plato.

54

ARROZ ESPECIADO CON YOGUR
– Vata, + Pitta, + Kapha
–Vata,– Pitta

2 tazas de arroz integral o basmati cocinado
2 tazas de yogur, o 1 taza de yogur y 1 taza de leche de soja
2 cucharadas de aceite de girasol
1/2 cucharadita de semillas de mostaza
1/2 cdita. de semillas de comino
1/8 cdita. de asafétida o ajo
1 cdita. de sal marina
1/2 cdita. de pimienta negra
1/2 cdita. de canela en polvo
1/4 de pimiento verde picado

Cocinar el aceite y agregar la mostaza y el comino. Luego, añadir el arroz y el yogur; remover. Incorporar el resto de los ingredientes y mezclar bien. Dejar cocinar de 7 a 10 minutos. Servir caliente.

Es de preparación fácil y se puede comer como cena o como almuerzo. Es muy favorable para Vata. La variante que incorpora leche de soja es óptima para equilibrar a Pita y Kapha.

DHAL TRIDÓSHICO
Tiempo de preparación: 40 minutos
– Vata, – Pitta, 0 Kapha

1 taza de porotos mung partidos
8 tazas de agua
2 tazas de zapallitos cortados en rebanadas finas
1 taza de zanahorias cortadas en rebanadas finas
2 cucharadas de aceite de girasol o ghee
1 1/4 cucharaditas de cúrcuma
1 cucharada de jugo de lima o limón
1 cucharadita de sal marina
1/2 cucharada de raíz fresca de jengibre, picada
1 pimiento verde, bien picado (omitir para Pita)
1 1/4 cucharadas de semillas de comino
1/2 o 1 cucharadita de semillas de mostaza negra
(la menor cantidad para Pita, la mayor para Vata y Kapha)
Aderezo: hojas de coriandro frescas, picadas, y coco rallado
sin endulzar

55

Lavar los porotos hasta que el agua salga clara. Calentar 1 cucharada de aceite o *ghee* en una cacerola grande y pesada. Agregar cúrcuma y jugo de limón, freír 30 segundos sobre fuego bajo (se debe ser cuidadoso, ya que la cúrcuma se quema con facilidad). Agregar los porotos y revolver friendo ligeramente otros 1 o 2 minutos. Agregar los vegetales cortados y remover durante un minuto o dos más. Agregar agua, sal, jengibre y pimienta. Tapar y llevar el fuego a medio-bajo.

Dejar cocinar la sopa durante 45 minutos o hasta que los porotos estén disueltos. Calentar la cucharada de aceite restante en una sartén pequeña, agregar las semillas de comino y mostaza; calentar hasta que las semillas de mostaza comiencen a estallar. Agregar esta mezcla a la sopa, que así estará lista para servir. Aderezar con hojas de coriandro fresco picado y coco.

Comentario:
En India, los *dhal* son una manera fácil y popular de obtener una comida rica en nutrientes. Siempre se preparan con algo agrio en el *vagar* (mezcla de especias y *ghee*) para estimular el fuego digestivo. Deben agregarse en los primeros pasos de la preparación para obtener un mejor efecto.
Se acompañan con arroz cocido y algunos vegetales.
También pueden ser servidos con condimentos caloríficos como el chile verde fresco o el jengibre seco para calmar a Kapha.

DHAL PARA REDUCIR EL AMA
Tiempo de preparación:
3 días para hacer brotar los porotos mung.
De 30 minutos a 1 hora para hacer la sopa.
– Vata, – Pita, – Kapha (sin ajo)
– Vata, + Pita, – Kapha (con ajo)

2 tazas de porotos mung
2 o 3 tazas de vegetales picados
(brócoli, zanahorias, hojas verdes, brotes, arvejas y espárragos)
1 1/2 cucharadas de ghee o aceite de oliva
1 o 2 dientes de ajo, o raíz fresca de jengibre, pelados y picados
1 a 3 clavos aplastados (omitir si Pita está elevado)
1/2 o 1 cucharadita de semillas de comino
1 cucharadita de semillas de coriandro
1/2 o 1 cucharadita de cúrcuma

1/2 cucharadita de pimienta negra fresca molida
2 a 3 hojas de laurel
1/8 de cucharaditas de semillas de hinojo, canela y cardamomo
1/2 taza de hojas de coriandro frescas, picadas
Aderezo: coco y más hojas de coriandro frescas y picadas

Cocinar los porotos en una olla tapada hasta que estén blandos. Usar el agua de la cocción y hacerlos puré. En una cacerola, calentar aceite o *ghee*, agregar las especias y cocinar hasta sentir sus aromas. Agregar los vegetales cortados a las especias y revolver bien durante 2 minutos. Entonces agregar de 4 a 6 tazas de agua. Mezclar bien, llevar al hervor y luego reducir el fuego y mantener hasta que los vegetales estén cocidos. Agregar el puré de los porotos a la sopa y remover. Reducir el fuego y dejar la sopa cocinándose durante cinco minutos. Agregar más agua si se desea una consistencia menos espesa. Agregar sal a gusto.

Comentario:
Esta receta está especialmente diseñada para reducir el *ama* y hacer descansar el tracto digestivo durante la enfermedad o convalecencia. Los porotos *mung* son enfriadores por naturaleza, aunque se calientan por la adición de jengibre y otras especias que dan calor. Un trocito de *kombu* puede agregarse también para reducir el gas y sumar minerales. Este es un excelente plato único que puede servirse varias veces en la semana para descansar el sistema, si usted lo desea.

SAMOSAS (EMPANADITAS DE VERDURA)
Ingredientes para el relleno
2 o 3 papas medianas
1/2 coliflor pequeña dividida en brotes
200 g de arvejas frescas
4 cucharadas de ghee o aceite
1 cucharadita de comino en grano

1 cucharadita de cúrcuma
1/4 cucharadita de clavo molido
1/2 cucharadita de canela molida
2 cucharaditas de sal
1/4 cucharadita de pimienta

Ingredientes para la masa de las tapitas
2 tazas de harina integral superfina
1/2 taza de harina blanca
2 cdas. soperas de aceite de girasol
Sal a gusto
Agua tibia cantidad suficiente.

Pelar las papas, cortarlas en dados, rallar los brotes de coliflor o cortarlos finamente. Cocinarlos en agua salada hasta que estén tiernos; después, dejarlos escurrir.

Hervir las arvejas hasta que estén tiernas, escurrirlas y dejarlas a un lado. Poner en una sartén grande dos cucharadas de ghee o aceite de girasol y saltear el comino. Cuando empieza a dorarse, poner las especias en polvo y freírlas unos minutos más.

Añadir los dados de papa, freírlos removiendo de tres a cuatro minutos. Agregar dos cucharadas de agua, cubrir la cacerola y cocinar 5 minutos, hasta que las hortalizas estén tiernas (cuidando de que no se quemen). Añadir las arvejas, sazonar y dejar enfriar un poco.

Para hacer los discos de masa se mezclan en seco las harinas, con la sal, y en un hueco en el medio se vierten las dos cucharadas de aceite. Se vierte en el medio el agua tibia para comenzar a formar una masa que no sea esponjosa. Se amasa hasta que quede homogénea. Se estira con la ayuda de un palo de amasar hasta que quede bien finita. Se cortan discos de masa de aproximadamente 10 cm. de diámetro.

Cortar los discos de masa por el medio. Sostener cada semicírculo humedeciendo la mitad del lado recto; unir los dos extremos, formando un cono. Llenar dos tercios del cono con el relleno, cerrar la entrada pellizcando y doblando los bordes juntos para formar una cresta acordonada. Freír en ghee o cocinar en el horno hasta que estén doradas.

TARTA DE MIJO

1 taza de mijo pelado
4 tazas de agua
6 semillas de cardamomo
1/2 cucharadita de coriandro
1/2 cucharadita de cúrcuma
1/2 cucharadita de semillas de eneldo
3 tazas de vegetales cortados (brócoli, calabaza, choclo, repollo)
Queso fresco para gratinar (opcional)

Cocinar el mijo como en la receta anterior. Cubrir una tartera previamente aceitada con una capa de aproximadamente un centímetro de espesor de mijo cocido. Aparte, calentar *ghee* y colocar en él las especias (cardamomo, coriandro, cúrcuma y eneldo). Rehogar allí un diente de ajo y dos cebollitas de verdeo, agregar brócoli cortado en pedacitos, choclo desgranado, cubitos de calabaza, etc. Rellenar la tarta con la mezcla de verduras, poner queso fresco y gratinar en el horno.

59

Variante: PIZZA

Estirar el mijo cocido en una pizzera grande con un poco de aceite. Aparte, licuar tomate con sal, pimienta, una pizca de azúcar, un diente de ajo (a gusto) y orégano. Estirar la salsa sobre la masa de mijo, colocar queso fresco y llevar al horno moderado hasta fundir y dorar el queso. Se pueden agregar aceitunas, champiñones o morrones cocidos y pelados.

PANIR (QUESILLO CASERO)

Se puede utilizar prensado o como ricota.
Se usa en gran cantidad de recetas.
2 litros de leche entera
5 cucharadas de jugo de limón natural

Para colar: colador grande y dos telas de gasa o liencillo bien lavado. Poner la leche en un recipiente grande para que al hervir no desborde. Calentar a fuego moderado. Cuando rompe el hervor, colocarle el jugo de limón y retirar del fuego. Enseguida, se separará el quesillo del suero amarillento. Si el suero no es claro, volver la olla al fuego y agregar un poco de jugo de limón. Separar el quesillo y colocarlo en el colador cubierto con la tela. Hacer una bolsita con la tela y enjuagar bajo la canilla con agua fría, durante medio minuto, para quitar el exceso de fermento y hacerlo más consistente.

Exprimir hasta eliminar el líquido. Para hacer *panir* firme, envolverlo en la tela y prensar, poniéndole un peso durante un buen rato. Si es para usar como ricota no hace falta más que apretar con las manos la bolsita para exprimir el agua. Esta cantidad rinde 250 gramos de *panir* prensado.

ARROZ CON HORTALIZAS VARIADAS Y PANIR

1 1/2 tazas de arroz
3 tazas de agua
100 g de zanahorias, en dados
100 g de chauchas
100 g de arvejas
100 g de brotes de coliflor
100 g de berenjenas
1 cucharada de ghee o aceite
200 g de panir prensado
1/2 cucharadita de cúrcuma
2 1/2 cucharaditas de sal
2 hojas de laurel
1/2 cucharadita de semillas de mostaza
1/2 cucharadita de semillas de comino

Lavar los vegetales y cortarlos. Lavar el arroz. Dejarlo en remojo unos 15 minutos y escurrirlo 15 minutos más.

Calentar el *ghee* en una cacerola mediana. Condimentar con especias removiendo hasta que estallen las semillas de mostaza. Añadir los vegetales cortados y dorarlos durante 5 minutos. Luego agregar el arroz y removerlo durante un momento, añadir el agua y las hojas de laurel. Cocinar hasta que esté tierno.

Mientras tanto, cortar el *panir* en cubitos de 1 cm de lado y freírlos en *ghee*. Una vez listo, mezclar con la preparación del arroz.

MANZANAS ASADAS *(dos porciones)*
1 manzana
10 g de pasas de uva.
2 nueces
2 cucharaditas de azúcar rubia
Canela en polvo
2 cucharadas de crema de leche

Cortar la manzana por la mitad, sacar el tronco y las semillas. Llenar con las pasas, las nueces y el azúcar; cocinar en una fuente enmantecada en horno 15 o 20 minutos. Una vez enfriada, servir con crema de leche.

GULAB JAMUN (BOMBONES DE MASA EN ALMÍBAR)
8 cucharadas colmadas de leche en polvo
2 cucharadas de harina
2 cucharadas de ghee
Una pizca de polvo para hornear o bicarbonato de sodio
1/2 taza de leche (para mezclar)
1 1/2 tazas de azúcar
1 1/2 tazas de agua
1/2 cucharadita de cardamomo molido
Unas gotas de agua de rosas a temperatura natural
Ghee para freír

Mezclar la leche en polvo, la harina y el bicarbonato. Ir agregando leche hasta formar una masa blanda. Dejar descansar unos 15 minutos. Mientras, preparar almíbar con el azúcar y el agua, haciendo un jarabe de una consistencia de hilo. Agregar la esencia y el cardamomo; mantener caliente. Si el almíbar se pone espeso, agregar un poco de agua caliente, dado que los *jamuns* no se empaparán en el jarabe espeso.

Formar bolitas de masa del tamaño de ciruelas y freírlas en *ghee*. Una vez que tomaron color marrón dorado, sacarlas del *ghee* y sumergirlas en el caramelo caliente durante una hora. Se pueden servir frías o calientes y quedan deliciosas con crema batida o helado de crema.

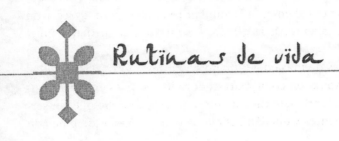

Rutinas de vida

Un orden natural

Como sistema holístico de 5000 años de antigüedad, el Ayurveda recomienda desarrollar una rutina diaria de autocuidado para mantener la salud.

La rutina o *dinacharya* proporciona un orden natural que ayuda a equilibrar nuestro tipo corporal, nos hace más sensibles a las mejores influencias de los cambios externos sobre nuestro bienestar y nos brinda los elementos necesarios para detectar cualquier causa de desequilibrio antes de que se produzca la enfermedad.

Algunas de las recomendaciones son tan sencillas como respetar el horario en que nos levantamos (que sea, preferentemente, cuando sale el sol, bien temprano a la mañana, para incorporar los ritmos de la naturaleza al ritmo individual); la limpieza corporal (baño, lavado de dientes, cepillado de la lengua, con el objetivo de remover las toxinas o *ama* que en ella se acumulan); la excreción de los desechos en la forma y tiempo adecuados, evitando su acumulación y sin reprimir estas funciones fisiológicas de eliminación, que son tan importantes para el buen funcionamiento del organismo.

Además, el Ayurveda recomienda beber un vaso de agua tibia en ayunas para ayudar a lavar los intestinos y estimular los riñones diariamente.

Incorporar estas rutinas a la vida cotidiana fortalece el sistema inmunitario, o de defensa contra las enfermedades.

Por otra parte, un cuidado óptimo de la salud exige prácticas específicas como el Yoga, la meditación y los ejercicios de control de la respiración adecuados a cada tipo corporal.

Principio y final de la vida

La respiración es una de las funciones del cuerpo más importantes; indudablemente, las demás dependen de ella. El hombre puede vivir algún tiempo sin agua y sin alimento, pero sin respirar sólo vive unos pocos minutos.

La vida depende por completo del acto de respirar. Respirar es vivir. Al nacer, el niño hace una larga inspiración y la retiene un instante para extraer de ella las propiedades vitales: así comienza su vida. Y el anciano, de un débil suspiro cesa de respirar: así acaba su vida.

Desde el suave soplo del niño hasta el último suspiro del moribundo, se cumple una larga sucesión de respiraciones. En los textos antiguos, los sabios dicen que al nacer todos tenemos un número determinado de respiraciones asignadas, que consumiremos según cómo llevemos nuestro estilo de vida.

Un dominio inteligente y sistemático de la facultad de respirar prolonga nuestros días sobre la tierra al brindarnos más resistencia, mientras que una respiración descuidada, desordenada y pobre tiende a acortar nuestros días y disminuye la vitalidad.

La respiración es un maravilloso y complejo proceso que conecta espíritu, mente y cuerpo con el medio ambiente. Cubre un gran abanico de capacidades corporales, desde el movimiento del diafragma y la caja torácica, hasta el más sutil de los procesos celulares.

La respiración es también el proceso de nutrir y eliminar los desechos: así relaciona nuestro cuerpo individual con el cuerpo cósmico.

La mayor parte del tiempo, ocurre sin foco de atención. Pero con la práctica traemos bajo control consciente la función del sistema nervioso autónomo, adquiriendo así una herramienta para equilibrarnos y mejorar los patrones de energía de la mente y del cuerpo.

Según el Ayurveda, la mente y la respiración actúan como espejos mutuos. Cuando la mente está agitada, la respiración se hace superficial, mientras que cuando la respiración es profunda, la mente se aquieta.

Si aprendemos a regular la respiración podremos influir directamente sobre nuestro cuerpo físico y estado emocional.

El control de la respiración

Desde el Yoga, los ejercicios de respiración son conocidos como *pranayama*, que significa control de la respiración o del *prana*. El *prana* es la energía primaria que impulsa el movimiento de la vida.

A través de la ciencia védica del *pranayama*, podemos aprender a equilibrar, activar y dirigir conscientemente la fuerza vital, expandir la conciencia y aumentar nuestra integración mente-cuerpo.

Los sabios del Ayurveda descubrieron que existe una alternancia del flujo del aire entre las narinas izquierda y derecha: cada hora u hora y media varia la facilidad con que entra el aire a través de las mismas. Además, ellas se relacionan con las energías femenina y masculina que operan en los hemisferios cerebrales derecho e izquierdo. Cuando estas energías están equilibradas, podemos tener control sobre la mente, estimular la creatividad y experimentar un estado de calma, paz y alegría.

Recomendaciones
para la práctica de *pranayama*

Hacer los ejercicios en forma suave y respetuosa. Se recomienda la posición de loto –que consiste en el descanso del pie derecho sobre el muslo izquierdo y el pie izquierdo sobre el muslo derecho–, que beneficia la postura, alinea la columna y facilita la respiración completa. Si no podemos hacerlo en esta posición, nos sentaremos en una silla con la columna lo más derecha posible.

La respiración tiene que ser a través de la nariz y los ejercicios se deben practicar en ayunas o lejos de las comidas.

Pranayama **para cada tipo corporal**

✳ *Para Vata:* La respiración alternada. Nos sentamos en posición cómoda, cerramos los ojos y hacemos varias inhalaciones y exhalaciones por la nariz. Luego, tapamos con el dedo índice o pulgar el orificio derecho y realizamos una inspiración profunda por la narina izquierda. Retenemos unos segundos; liberamos la narina derecha y tapamos la izquierda: de esta manera, exhalamos el aire contenido en la narina derecha. Repetimos el ciclo, pero ahora comenzamos la inhalación por la narina derecha, tapando el orificio izquierdo. De nuevo, hacemos una inspiración profunda, retenemos el aire, liberamos la narina izquierda, tapamos la derecha y exhalamos. Con esto terminamos un ciclo. Podemos realizar varios ciclos y terminar con varias inhalaciones y exhalaciones por ambos orificios nasales. Este ejercicio trae equilibrio a este tipo corporal.

✳ *Para Pita:* La respiración enfriadora. Inhalamos por el orificio izquierdo y exhalamos por el derecho. Este ejercicio de respiración tiene un efecto enfriador en el cuerpo, estimula la energía femenina, calma al tipo corporal Pita y mejora el proceso de la digestión.

✳ *Para Kapha:* La respiración nasal derecha. Tapamos la narina izquierda e inhalamos y exhalamos por la narina derecha. Podemos repetir ciclos de diez cambios. Este tipo de respiración tiene el efecto de aumentar la temperatura corporal y estimular la energía masculina.

Pranayama para equilibrar los tres tipos corporales

Un ejercicio que se puede aplicar en los tres tipos corporales es la respiración completa, cuyo objetivo es hacer llegar el *prana* o energía vital a todo el cuerpo.

La respiración completa incluye los tres tipos respiratorios según la parte del tronco que utilicemos:

* Clavicular o torácica superior
* Torácica o media
* Diafragmática o torácica inferior u abdominal

Para practicarla, nos sentamos cómodos, con la columna recta y los ojos cerrados.

Vamos a realizar una respiración rítmica, teniendo en cuenta los tiempos en los cuales entra y sale el aire. Contamos seis tiempos de entrada del aire, hacemos un tiempo de retención y luego exhalamos en seis tiempos.

La inhalación debe ser suave, debemos estar conscientes de que el aire llena los pulmones y sentir cómo se expande el tórax superior o región clavicular y el tórax medio e inferior.

Practicando varios ciclos de respiración rítmica, notaremos que el cuerpo se relaja y se vitaliza. Otros efectos de la respiración rítmica son mejorar la calidad del sueño y disminuir los estados de ansiedad.

69

Meditación: la llave de nuestro potencial

La meditación es uno de los pilares de la medicina Ayurveda. Está considerada la llave para liberar todas las potencialidades humanas. Trae armonía a nuestra vida, pacifica los pensamientos y despierta la inteligencia para encontrar en el vivir diario la verdadera felicidad.

Los sabios creadores del Ayurveda tenían el conocimiento y la certeza de que para que el hombre pudiera comprender su naturaleza y su realidad interior debía experimentarla en forma directa y no a través del razonamiento y la lógica. La herramienta fundamental para esta experiencia es la meditación. Gracias a ella, esos sabios llegaron a comprender el funcionamiento del Ayurveda y el beneficio que esta medicina trae para el hombre.

Podemos definir a la meditación como una disciplina milenaria que permite a la mente humana establecerse en un estado de quietud profunda, mientras permanece despierta y experimenta un estado de atención o alerta diferente del estado de conciencia de vigilia o del estado en el que dormimos.

Cuando meditamos, la mente se dirige hacia el interior. Ello puede generar una gran expansión de conciencia a través de la fusión con ese campo ilimitado que va más allá de nuestra vida y que es la fuente de todo pensamiento y de todo lo que existe.

En la rutina diaria, la meditación se convierte en un instrumento clave para equilibrar los tipos corporales y aumentar el bienestar de la persona. De igual manera que el baño es la limpieza del cuerpo, la meditación se convierte en el baño y la limpieza para la mente y el espíritu.

Efectos en el cuerpo y en la mente

La meditación nos ayuda a superar las trabas de la mente, a drenar el subconsciente, a desatar nudos psíquicos y a purificar todo el contenido mental. Pone orden, higieniza y proporciona conocimiento liberador. Disminuye los pensamientos negativos y los estados de ira u ofuscación.

Se ha comprobado que su práctica de modo grupal y en los lugares de trabajo reduce el estrés laboral, mejora las relaciones interpersonales y el rendimiento en la tarea.

También son múltiples los cambios que experimenta nuestra fisiología corporal al meditar. Cuando realizamos una práctica regular, disminuye la frecuencia cardíaca y respiratoria, se relajan los músculos, se regularizan las funciones digestivas y se liberan hormonas como las endorfinas que contribuyen a mejorar la salud. Además, se produce una integración mente-cuerpo, en la cual tomamos conciencia de que la mente no está separada del cuerpo y de que las emociones que experimentamos repercuten en el funcionamiento del organismo.

La meditación es como una medicina que ayuda a disminuir la presión arterial y mejorar el funcionamiento del aparato respiratorio. Está recomendada en las enfermedades funcionales como el colon irritable, los trastornos de ansiedad, los estados de depresión y enfermedades relacionadas con el estrés.

Además, se ha comprobado la utilidad de la meditación dentro de los planes terapéuticos de personas con cáncer o enfermedades terminales, donde se convierte en una herramienta terapéutica que propicia la disminución del dolor, baja el consumo de analgésicos (y por ende, disminuye los efectos adversos de estas drogas), mejora la calidad de vida y la tolerancia a los síntomas de la enfermedad. Por otra parte, ayuda a la rehabilitación de las adicción a las drogas y al alcohol.

Meditar en la luz

Para iniciarse en la práctica de la meditación, creemos que lo más adecuado es una adaptación de la meditación en la luz: una técnica muy sencilla y que puede aprender cualquier persona independientemente de sus creencias religiosas o filosóficas.

Dentro de esta técnica, tenemos un eje mental de atención (objeto de la meditación); en este caso, sería la llama de la luz de una vela.

En general, se trata de mantener una actitud pasiva hacia los pensamientos que nos produzcan distracción, y dejar que los pensamientos se alejen en lugar de perseguirlos. Adoptaremos una postura corporal cómoda para reducir al mínimo el esfuerzo físico. Y procuraremos estar en un entorno tranquilo para evitar distracciones.

* **Frecuencia:** 1 o 2 veces por día.

* **Horarios propicios:** Lo ideal es en las primeras horas de la mañana; si no es posible, debemos respetar el horario que le asignemos a nuestra práctica diaria de meditación. Se recomienda que esta práctica sea regular para que podamos experimentar sus beneficios.

* **Duración:** De 15 a 20 minutos.

* **Lugar y ambiente:** Dentro de nuestras posibilidades, trataremos de tener un espacio reservado en la casa que sea de nuestro agrado para realizar la meditación. Procuremos que domine el silencio y evitemos los motivos de distracción. Una sugerencia es preparar el lugar con un incienso, un arreglo de flores que nos guste y buscar que el ambiente sea cálido. Mientras meditamos, tenemos que tratar de apaciguar los sentidos para que ellos se dirijan hacia el interior: el silencio, un aroma agradable y la belleza de las flores pueden inspirarnos para que esto sea posible.

* **Postura:** La más recomendada es sentados sobre un almohadón en el piso, en lo posible con las piernas cruzadas en la posición de loto. Si no se puede alcanzar la posición de loto, recomendamos que la postura elegida no produzca incomodidad o dolor, que se pueda sostener en forma relajada, que la columna esté derecha, anque para ello sea necesario utilizar un respaldo o apoyo. Debemos mantener las manos sobre el regazo, la derecha sobre la palma abierta de la mano izquierda y los pulgares tocándose ligeramente.

* **Vestimenta:** Usar ropa liviana, que no ajuste y que mantenga una temperatura agradable en el cuerpo.

* **Respiración:** Al comenzar la práctica, es importante que nos concentremos en la respiración, tomando conciencia de cómo el aire entra y sale por la nariz y cómo los pulmones se expanden y hacen llegar el *prana* a cada célula del organismo. La respiración consciente no solo ayuda a oxigenarnos en forma completa, sino que además contribuye a la relajación del cuerpo y apacigua el flujo de pensamientos en la mente.

* **Ofrecimiento de nuestra práctica a la conciencia universal:** Teniendo en cuenta el concepto de que existe una energía superior o conciencia pura que todo lo permea, que todo lo abarca y que

es con la que queremos conectarnos, ofrecemos la meditación a esa conciencia universal para que se erija en nuestra guía.

Recomendaciones generales

Nos ubicamos en el lugar de la casa que hayamos elegido para meditar. Encendemos la llama de la vela y nos sentamos en una postura cómoda, sobre una silla o un almohadón, con las piernas cruzadas, en posición de loto o semiloto.

Cerramos los ojos y nos concentramos en los movimientos respiratorios, sintiendo que el aire entra y sale por la nariz. En cada inspiración, sentimos cómo la energía vital ingresa al cuerpo y nos trae calma y relajación. Y en cada espiración, percibimos que las tensiones del cuerpo se disipan.

Al iniciar la práctica, podemos decir tres veces el mantra universal OM. A continuación, explicamos cómo meditar con mantras.

Primer paso:

Visualizamos la llama que está frente a nosotros y nos ilumina. Luego llevamos la luz de la llama al entrecejo. Nuestro pensamiento será: "Estoy en la luz".

Segundo paso:

Visualizamos nuestro corazón como una bella flor de muchos pétalos que se abre suavemente. Sentimos cómo la llama de luz ingresa por el entrecejo y desciende hacia el centro del corazón, se instala en él con firmeza y lo ilumina. Sentimos que aumenta la intensidad y el calor de la luz e imaginamos que la luz baña todos nuestros órganos, y que limpia y purifica los sentidos. Nuestro pensamiento será: "La luz está en mí".

Tercer paso:

Sentimos que la luz en la mente se hace más intensa y sale por la coronilla.

Desde allí, dejamos que nos envuelva y nos convierta en un sol radiante cuya luz se expande en círculos cada vez más grandes, círculos que envuelven a nuestros seres queridos y también a todos aquellos con quienes tenemos algún conflicto en este momento. Seguimos irradiando luz y sentimos que esa luz poderosa se expande cada vez más en el universo. Permanecemos en paz y contemplación sintiendo que somos uno con la creación. Nos dejamos fluir en silencio con la experiencia. Nuestro pensamiento será: "Yo soy la luz".

Para finalizar:
En forma paulatina, vamos regresando al aquí y ahora, guardando la sensación de plenitud y de paz en el corazón.

Cerramos nuestra meditación agradeciendo a la conciencia superior a quien confiamos esta práctica.

Lentamente abrimos los ojos, nos incorporamos y tratamos de mantener este estado el mayor tiempo posible.

Meditar con mantras

Mantra es un término sánscrito que se utiliza para denominar a una palabra o un grupo de palabras que cuando se pronuncian emiten ciertas características vibracionales. Los mantras se consideran fórmulas que, al cantarlas o recitarlas, liberan una energía que ayuda a equilibrar el cuerpo, la mente y el espíritu.

Así como el alimento nutre el cuerpo, el propósito del mantra es nutrir el espíritu.

Nos sentamos en silencio y observamos la respiración: cómo se produce el movimiento de la caja torácica, la entrada y salida del aire, así como entra y sale el *prana* o energía vital: con dos polaridades (inspiración y espiración), que juntas crean un biorritmo natural.

En cada espiración, podemos repetir en forma consciente OM, que es el sonido del universo y del cual derivan todos los demás.

Meditación con el mantra SO HAM

Los sabios de la India interpretaron que en el proceso natural de la respiración se producen dos momentos especiales, que tienen una carga energética particular, y dos sonidos naturales diferentes: la inspiración *(so)* y la exhalación *(ham)*.

Si nos concentramos en la respiración y prestamos atención, sentiremos que al realizar la inhalación se produce el sonido so y al exhalar, *ham*. *So* representa el aspecto femenino, *ham*, el masculino. Este proceso es interno, focaliza la atención en el acto de respirar y no representa la emisión de ningún sonido por la boca. Se trata de captar la esencia de la respiración sin hacer nada: sólo percibirla.

En la meditación SO HAM se unen la conciencia individual con la conciencia universal. Con esta práctica, nuestra respiración se hará más silenciosa y espontánea. Ello nos ayudará a trascender los pensamientos y el tiempo, y sentiremos cómo se expande nuestra conciencia.

La meditación no está disociada de la vida: es la vida en sí misma. Tomar conciencia de este hecho será de gran utilidad para afrontar de otro modo las dificultades diarias y nos llevará a advertir qué es lo verdaderamente trascendente en la vida.

Actividad física a través del Yoga

La actividad física es una herramienta poderosa que el Ayurveda recomienda incorporar en forma regular a la vida cotidiana.

El ejercicio físico aumenta la resistencia, fomenta la circulación sanguínea, mejora la capacidad respiratoria, limpia los canales de energía corporal y tonifica de manera natural los músculos.

Por otra parte, el ejercicio regular puede favorecer la disminución de los estados de ansiedad y libera endorfinas que producen una sensación de bienestar general. Además, prolonga la vida al reducir la obesidad, la enfermedad cardíaca y los niveles de colesterol en la sangre.

Como forma de actividad física, la medicina Ayurveda recomienda la práctica del Yoga, que canaliza la energía vital del cuerpo para utilizarla de manera adecuada.

El Yoga, un medio a través del cual podemos armonizar cuerpo, mente y espíritu, trabaja con la respiración, la postura física o *asana* y la relajación. Las *asanas* trabajan desde el cuerpo y la respiración realizando movimientos de estiramiento, flexión, torsión y relajación.

Cada tipo corporal tiene posturas o *asanas* recomendadas, con efectos específicos sobre el cuerpo.

Recomendaciones generales

Debemos realizar la actividad física por lo menos dos o tres veces por semana. Y cada sesión de ejercicios debe durar por lo menos veinte minutos.

Al principio, es importante mantener la frecuencia, o sea, la cantidad de veces por semana. Una vez que nos adaptamos a este nuevo ritmo, podremos aumentar el tiempo de actividad física en cada sesión.

Si en la actualidad no realizamos actividad física en forma habitual, es recomendable hacer una consulta al médico antes de empezar con ella para que nos indique qué cuidados debemos tener.

✳ Ejercicios para Vata

Los Vata tienen energía pero se fatigan rápidamente. Se trata de un tipo corporal de estructura liviana, poca masa muscular, que se caracteriza por ser muy ágil.

El tipo de ejercicios más adecuados para Vata es la gimnasia aeróbica (caminatas), la natación, el Tai Chi y, por cierto, el Yoga. Los ejercicios deben ser realizarse con suavidad, moderación y regularidad.

Las asanas o posturas de Yoga que armonizan a Vata son aquellas que trabajan con la respiración en forma lenta y regular; las posturas sentadas con descarga a tierra, y las que influyen en la zona pélvica y abdominal, y ejercen una suave presión en estas áreas corporales.

Posturas Recomendadas

Loto

Arado

Langosta

Cadáver

Cobra

PARADA DE CABEZA

✳ Ejercicios para Pita

Los tipos corporales Pita tienen la característica de ser resistentes y buenos en general para los ejercicios de moderada intensidad, como los deportes que se juegan en equipo (básquet, fútbol, vóleibol), que a los Pita les permite trabajar en grupo, brindándoles la posibilidad de experimentar la cooperación y de esta manera contribuir a equilibrar su naturaleza, que tiende a la competitividad.

También, pueden realizar ejercicios que los pongan en contacto con la naturaleza y, así, los equilibren; por ejemplo: el agua a través de la natación, o en los climas fríos, el contacto con la nieve mediante la práctica del montañismo o el esquí.

Las posturas de Yoga que armonizan a Pita son las asanas que actúan sobre la zona abdominal alta, o sea, por arriba de la cintura, con el objetivo de mejorar el fuego digestivo o agni y favorecer así los procesos digestivos.

Posturas recomendadas:

LOTO ESCONDIDO

ARCO

PEZ

MEDIA RUEDA

POSTURA DE HOMBRO

⁂ Ejercicios para Kapha

Los tipos corporales Kapha suelen caracterizarse por su estabilidad y su alta resistencia física. Necesitan ejercicio enérgico que ayude a estimular y movilizar toda la estructura corporal.

Los ejercicios que recomendamos son las caminatas enérgicas, el aerobismo, el remo, la danza y la bicicleta.

Las posturas de Yoga que armonizan Kapha son aquellas que influyen sobre el tórax, el estómago y el área de la cabeza, con lo que se trabaja las zonas corporales donde se asienta la energía de Kapha. Las posturas tendrán como finalidad generar estabilidad, incrementar la agilidad y reducir la grasa corporal.

Posturas recomendadas:

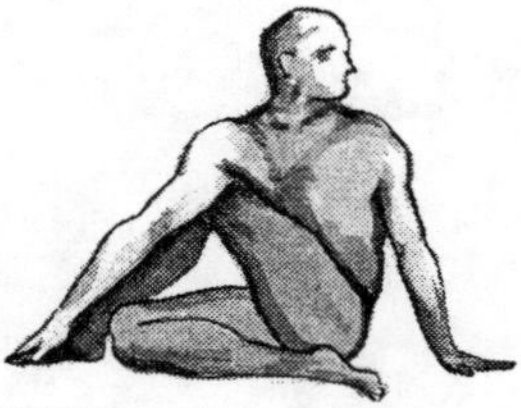

TORSIÓN ESPINAL

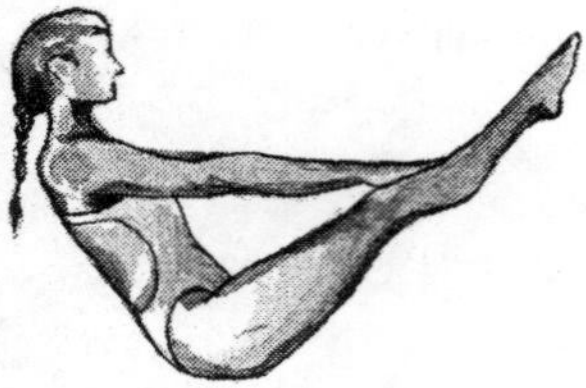

BARCO

LEÓN

CABEZA RODILLA

POSTURA DE HOMBRO

MEDIA RUEDA

Saludo al sol

La salutación al sol es un ejercicio que recomendamos para los tres tipos corporales. Integra la mente y el cuerpo, trabaja el estiramiento y fortalece todos los grupos musculares. Además, mejora la movilidad articular, alinea la columna y proporciona un masaje suave a los órganos internos. Con la práctica continua, se beneficia el sistema cardiocirculatorio.

Durante el saludo, se realizan doce posturas de Yoga, una a continuación de la otra, teniendo en cuenta la sincronización con los movimientos respiratorios.

Si no se está acostumbrado a este tipo de ejercicio físico, recomendamos que se incremente su práctica de modo gradual, sin producir exigencias ni dolor en el cuerpo.

Primera postura

De pie, ubicamos los pies en forma paralela. Unimos las palmas de las manos frente al pecho.

Segunda postura

Inspiramos y, mientras lo hacemos, llevamos los brazos por encima de la cabeza. Levantamos y expandimos el pecho, que la cabeza mire hacia arriba.

Tercera postura

Mientras exhalamos, inclinamos el cuerpo hacia adelante y hacia abajo, estirando la columna, ambos brazos y el cuello. Aflojamos o flexionamos levemente las rodillas y las llevamos hacia el suelo. Nos mantenemos en esta posición con hombros y codos relajados.

Cuarta postura

Continuando con la postura anterior, realizamos una exhalación y llevamos la pierna izquierda hacia atrás, bajando la rodilla hacia el suelo. Flexionamos la rodilla derecha, y el pie derecho permanece apoyado en el suelo. Inhalamos y abrimos el pecho, extendiendo levemente la columna.

Quinta postura

Exhalamos y adelantamos la pierna izquierda hasta la altura de la derecha, ambas separadas por el ancho de la cadera. Levantamos la cadera, con las manos apoyadas en el suelo. Llevamos la columna hacia arriba y hacia atrás. Estiramos los talones hacia abajo, como para tocar el suelo, extendiendo la parte posterior de las piernas.

Sexta postura

Apoyamos suavemente las rodillas en el suelo y deslizamos poco a poco el cuerpo hacia abajo, en ángulo, mientras acercamos el pecho y el mentón al suelo. La punta de los pies, las rodillas, el pecho y el mentón tocan el suelo. Mantenemos esta posición brevemente y continuamos con la postura siguiente.

Séptima postura

Mientras inspiramos, levantamos y expandimos el pecho hacia adelante y hacia arriba, con las manos apoyadas en el suelo. Mantenemos los codos cerca del tronco y seguimos estirando la columna hacia arriba. Con esta posición, propiciamos la relajación de la cabeza y el cuello.

Octava postura

Repetimos la quinta postura.

Novena postura

Repetimos la cuarta postura, aspiramos y flexionamos la pierna derecha hacia adelante entre las manos. La pierna izquierda la man-tenemos estirada hacia atrás, con la rodilla contra el suelo. En esta posición extendemos la espalda, levantando el pecho hacia adelante y hacia arriba. Alargamos la cabeza y el cuello hacia arriba.

Décima postura

Mientras exhalamos, damos un paso hacia adelante con la pierna izquierda y continuamos flexionando el cuerpo hacia adelante y hacia abajo, estirando toda la columna. Flexionamos levemente las rodillas y relajamos la cabeza y el cuello.

Undécima postura

Repetimos la segunda postura. Aspiramos profundamente, mientras levantamos los brazos y el pecho. Extendemos los brazos por encima de la cabeza, respirando en forma suave y tranquila.

Duodécima postura

Repetimos la primera postura; exhalamos y levantamos las manos a la altura del pecho con las palmas unidas. Ahora estamos de pie y con las palmas de las manos unidas. En esta posición terminamos un ciclo completo.

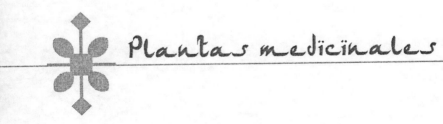

Plantas medicinales

Plantas medicinales

La medicina ayurvédica utiliza como recurso de curación las propiedades medicinales y energéticas de las plantas. Esta terapia recibe el nombre de *Samana* y tiene el objetivo de corregir los desequilibrios de los tipos corporales, mejorar el *agni* o fuego digestivo y proporcionar tratamiento a las enfermedades comunes.

Las plantas medicinales tienen muchas propiedades que pueden utilizarse de diferentes modos, según la dolencia. Algunas nos ayudan para las terapias de desintoxicación, otras tienen propiedades astringentes que mejoran los procesos de cicatrización de la piel, y hay otras que ayudan a eliminar los parásitos, aumentar el apetito y mejorar la digestión.

El Ayurveda utiliza también las llamadas *anupanas* o "sustancias transportadoras" para aplicar o agregarse a las hierbas medicinales. Las *anupanas* actúan como vehículo para transportar las propiedades curativas de las hierbas. Son sustancias fundamentales cuyos efectos terapéuticos se suman a los efectos de la planta que estamos utilizando. Las más utilizadas son la miel, la leche, el *ghee* y el agua tibia.

Clasificación

Desde la visión del Ayurveda, las plantas medicinales se clasifican o se abordan según sus cualidades físicas y energéticas.

Propiedades físicas
El Ayurveda hace un correlato de los tejidos corporales de la anatomía humana con la anatomía de la planta:
* El plasma se relaciona con el jugo de la hoja.
* La sangre, con la resina y la savia.
* El músculo, con la madera blanda.
* La grasa, con la goma de determinadas plantas.

* La médula ósea y el tejido nervioso, con las hojas.
* El tejido reproductivo, con los frutos y las flores.

De esta manera, se puede seleccionar la parte de la planta por utilizar en función del tejido que se quiere tratar.

Propiedades energéticas

SABOR:

Por lo general, en Occidente se usa el sabor para identificar a las plantas pero no para conocer su efecto terapéutico. Sin embargo, el sabor de una planta es una manifestación de sus propiedades. A sabores diferentes, efectos diferentes en el organismo. Por ejemplo, cuando tomamos un té de jengibre, su sabor influye directamente sobre el sistema nervioso a través del *prana* o energía vital.

90

En el Ayurveda, al sabor se lo denomina rasa, que significa "parte esencial, esencia, savia o elixir". De esta manera, podemos decir que el sabor es la esencia de la planta, y que a través de él podemos comenzar a conocer sus cualidades. *Rasa* también significa "danzar", "sentirse vivo". Este significado nos transmite la idea de vitalidad de la planta.

Cuando entendemos la fisiología humana, nos damos cuenta de la importancia que tiene el sabor. Este despierta a la mente y a los sentidos, moviliza la energía vital, estimula los nervios del aparato digestivo y, de esta manera, activa el *agni* o poder digestivo.

En las plantas medicinales, podemos reconocer los sabores básicos: dulce, amargo, picante, ácido y salado, y la cualidad de astringente.

ENERGÍA:

La energía o potencia de la planta medicinal se denomina *virya*. El Ayurveda la clasifica como refrescante o calorífica.

A partir del estímulo que produce el sabor en el organismo, el efecto también puede ser traducido como calorífico o enfriador. Las plantas medicinales que producen calor son las de sabor picante, ácido y salado. Las que producen energía refrescante son las de sabor ácido y dulce, y de cualidades astringentes.

Por lo general, las plantas medicinales que tienen energía calorífica producen sed, ardor, sudación, y son estimulantes de la digestión. Por sus características, estimulan al tipo corporal Pita y minimizan a Vata y Kapha.

Las plantas de energía enfriadora vigorizan y estimulan la firmeza de los tejidos. Tienen el efecto de equilibrar a Pita e incrementar las cualidades de Vata y Kapha.

Las plantas también pueden ser clasificadas según su efecto secante o productor de humedad. Aquellas que poseen sabor amargo y picante y de propiedades astringentes tendrán la característica de ser secantes; por sus cualidades, realzan a Vata y disminuyen a Kapha. Las plantas humedas son aquellas que poseen sabor dulce, salado y ácido: tendrán la cualidad de potenciar a Kapha y equilibrar a Vata.

Vipak o efecto posdigestivo

Los sabores y la cualidad que encontramos en las plantas medicinales se reducen a tres sabores luego de su consumo y el proceso de la digestión. Las plantas dulces y las saladas tienen un efecto posdigestivo dulce; de aquellas de sabor ácido se dice que tienen un vipak ácido, y de las de sabor picante, un *vipak* picante.

Cuando se usan durante un período prolongado, las plantas tienden a agravar el tipo corporal según el *vipak* que poseen. Por ejemplo, las plantas picantes y las ácidas incrementan a Pita y aumentan el ácido en el organismo. Las plantas dulces y saladas aumentan la formación de secreciones en los tipos corporales Kapha. Y las plantas amargas, picantes y astringentes, por sus propiedades secantes, incrementan a Vata.

Formas caseras de utilizar las plantas

El Ayurveda utiliza el jugo fresco de la planta, la pulpa triturada o la pasta, y la planta en decocción, infusión fría o caliente.

También existen las fórmulas para la venta, donde encontraremos plantas ayurvédicas procesadas como tinturas madre, comprimidos o cápsulas, cremas y jarabes.

JUGO FRESCO:

Se obtiene al triturar o machacar la planta en un mortero y pasarla por un colador o lienzo. Por lo general, las plantas para este método tienen que ser frescas y fáciles de adquirir, como el cilantro, el áloe vera, la lima, el limón y el perejil. El preparado que obtenemos se debe utilizar inmediatamente.

PASTA:

Se obtiene al machacar una planta fresca al punto en el que se convierte en una pasta suave. Al preparado se le puede agregar miel, *ghee* o aceite en una proporción de 1 parte de planta por 2 de aceite o miel.

INFUSIÓN:

Es una de las formas más frecuentes de consumir plantas medicinales. Para este tipo de preparación, utilizamos las partes blandas de la planta: hojas y flores. Se las coloca frescas o secas en un recipiente en una medida de 1 o 2 cucharaditas y se les agrega una taza de agua recién hervida. Dejar reposar la preparación de 5 a 10 minutos, colar y estará lista para beber. Podemos conservarla en la heladera durante 24 horas.

DECOCCIÓN:

Aquí usamos las partes duras de la planta: raíz y tallos. Colocarlas en agua y hervirlas durante 5 minutos; luego dejamos reposar unos minutos y colamos.

Uso externo

* **Cataplasma:** luego de lavarla y machacarla, se aplica la hierba fresca en el lugar afectado y se cubre la zona con un lienzo.

* **Compresas:** Se prepara una infusión con las partes blandas de la planta (hojas o flores) o una decocción con las partes duras (raíces o corteza). Utilizamos el preparado embebiendo un lienzo o paño de tela y aplicándolo sobre la zona afectada.

* **Baño:** Se prepara una infusión o una decocción de la planta medicinal en una proporción de 1 a 8: por ejemplo, 1 taza de la planta medicinal en 8 tazas de agua. Podemos utilizarla en forma de baño de inmersión o sumergiendo la zona afectada; por ejemplo, los baños de asiento para el tratamiento de hemorroides o los baños de pies en una palangana.

* **Inhalaciones:** Son muy útiles para tratar las afecciones del aparato respiratorio. Por medio del vapor de agua llegan los principios activos de la planta medicinal, que alivian los síntomas de los resfriados comunes, ayudan a eliminar la mucosidad y disminuyen la inflamación de la garganta.

Colocamos 8 cucharadas soperas de la planta medicinal en una olla, agregamos un litro de agua hirviendo e inmediatamente nos cubrimos la cabeza con una toalla e inhalamos los vapores.

Las inhalaciones con plantas no se recomiendan en niños pequeños porque pueden aumentar la secreción de moco en el pulmón y producir obstrucción de las vías respiratorias.

Cómo tratar dolencias comunes

Dentro de la medicina ayurvédica, las hierbas o plantas medicinales pueden prepararse en forma de infusión o simplemente incorporarse como condimentos en la alimentación diaria para la resolución de malestares comunes. No obstante, siempre hay que tener en cuenta que si un síntoma o problema de salud no se resuelve, hay que realizar la consulta pertinente al médico.

Para la desintoxicación o tratamiento de *ama*
Ama es el término que utilizamos en el Ayurveda para dominar las toxinas de los alimentos no digeridos por el aparato digestivo. Objetivamente, *ama* es una sustancia blanquecina densa, fría y viscosa. Se adhiere a las paredes de los intestinos impidiendo que se asimilen en forma adecuada los nutrientes, con lo que disminuye el poder digestivo o *agni* y se obstaculizan los mecanismos de defensa contra los gérmenes que puedan entrar por esta vía.

Los síntomas de acumulación de ama en el organismo de una persona son: pérdida del sabor y del apetito, lengua sucia o saburral, mal aliento, pérdida de fuerza, sensación de pesadez y fatiga. En el estado de ánimo, el ama se evidencia cuando aparece falta de claridad en los pensamientos, irritabilidad, falta de atención y ansiedad.

94

Las plantas medicinales recomendadas para la limpieza de *ama* deben ser picantes y amargas. Se pueden usar como especias en las comidas diarias o en preparados caseros. No obstante, debemos recordar que para eliminar las toxinas del organismo, el uso de plantas medicinales tiene que ser parte de un plan terapéutico global.

Las plantas más comunes para el tratamiento de desintoxicación o eliminación de *ama* son:

Hierbas amargas
* Fenogreco.
* Comino.
* Cardamomo.
* Coriandro.
* Hinojo.
* Albahaca.

Hierbas picantes
* Pimienta negra.

* Pimienta de Cayena.
* Jengibre.
* Mostaza.

Todas ellas pueden ser usadas como condimento en las comidas diarias. También, podemos preparar un té digestivo y limpiador con los siguientes ingredientes:

* 1 cucharada sopera de raíz de jengibre.
* 1 cucharada sopera de polvo de turmérico o cúrcuma.
* 1 cucharada de anís.

Preparación:
Hervir en cinco tazas de agua hasta que se reduzca la preparación a la mitad, luego colar y tomar durante el día.

Otras formas de preparar tés limpiadores pueden incluir algunas de las siguientes combinaciones:

* Jengibre, cardamomo y canela.
* Pimienta negra y miel.
* Áloe vera en polvo y jengibre.

Una fórmula especial dentro del Ayurveda es el *trikatu*, para el que combinamos en partes iguales:

* Pimienta negra.
* Pimienta de Cayena.
* Jengibre.

Las especias tienen que ser en polvo y podemos consumir 1/2 cucharadita de té de una a tres veces por día.

TRIPHALA:

Una fórmula típicamente ayurvédica es el *triphala*, que se compone de tres plantas: *haritaki, amalaki* y *bihara* (se pueden pedir por internet. Además de remover las toxinas del intestino, esta fórmula ayurvédica tiene propiedades regenerativas sobre los tejidos, ayuda a eliminar el exceso de grasa corporal y equilibra los tres tipos corporales.

La dosis recomendada para desintoxicación de toxinas es 2-3 mg antes de dormir.

ÁLOE VERA:

Esta planta medicinal tiene la cualidad de ser amarga y sirve también para la eliminación de *ama*.

Se utiliza la preparación comestible en forma de gel. Puede conseguirse en dietéticas o herboristerías.

La dosis recomendada es de 2 cucharadas una a dos veces por día.

PLANTAS QUE MEJORAN LA FUNCIÓN DIGESTIVA

Para mejorar la motilidad:

* Nuez moscada, manzanilla, Hierba Luisa.

Para disminuir las flatulencias (efecto carminativo):

* Canela, cardamomo y laurel.

96

Para disminuir la tensión del abdomen:

* Albahaca, orégano, tomillo, cilantro, eneldo, hinojo.

Las podemos usar como especias para la preparación de las comidas diarias o en forma de infusión, para consumir durante el día.

PLANTAS CON EFECTO LAXANTE
O PARA LA CONSTIPACIÓN

* **Semilla de lino:** Podemos agregar una cucharadita de semillas de lino en un vaso de agua tibia, dejar reposar durante la noche y en la mañana tomar el líquido en ayunas.

* **Cáscara sagrada:** Se consigue en herboristerías en forma de extracto seco. La dosis es de 1 a 2 comprimidos por la noche después de la cena. También podemos conseguir la raíz de cáscara sagrada y hacer una decocción, que consiste en colocar dos cucharadas de raíz en tres tazas de agua y hervir durante cinco minutos; luego colar. Podemos comenzar tomando una taza antes de acostarnos.

Para el mal aliento

Colocar 1 cucharada de regaliz en cuatro tazas de agua, hervir 5 minutos y colar. Con este preparado se realizan buches dos veces por día.

Otra forma de combatir el mal aliento es masticar semillas de hinojo o clavos de olor.

Para el tratamiento interno, podemos hacer una infusión con:

* 1 semilla de cardamomo
* 1 cucharadita de laurel
* 1 cucharadita de canela

Resfrío común

Podemos utilizar hierbas que nos ayuden a activar la inmunidad, producir calor y que tengan el efecto de disminuir la congestión nasal. Por ejemplo, jengibre, equinácea, canela, diente de león, limón y menta fresca.

Combinaciones para preparar en infusión:

* 1 cdita. de jengibre rallado
* 1 cdita. de canela
* 1 cdita. de jugo de limón
* 1 cdita. de miel

Agregamos cada uno de los componentes en una taza de agua caliente, dejamos reposar 5 minutos y colamos.

* 1 cdita de jengibre rallado
* 1 cdita de equinácea
* 1 cdita de diente de león

Preparamos de la misma manera que la fórmula anterior.

Insomnio

Agregamos en una taza de leche caliente una pizca de nuez moscada y 1 cucharadita de miel, dejamos reposar 5 minutos y bebemos después de la cena.

Otras plantas medicinales que podemos usar son: valeriana, pasiflora y melisa en forma de infusión, tomando 1 taza después de la cena.

PROBLEMAS FRECUENTES DE LA PIEL

Acné:

Se puede utilizar una pasta para uso externo con la siguiente fórmula:
* 1 cda. de cúrcuma
* 1 cda. de sándalo
* 1 cda. de mirra

Todos los componentes en forma de polvo. Se agrega agua hasta conseguir una pasta homogénea; se aplica en la zona afectada de la piel durante 20 minutos y luego se lava con agua tibia.

Quemaduras

Para las quemaduras leves se puede utilizar el gel fresco de la planta de áloe vera aplicando directamente sobre la lesión dos veces por día. Al gel de áloe podemos agregarle una pizca de cúrcuma en polvo para aumentar el poder cicatrizante.

Picadura de insectos:

Para las picaduras de insectos podemos aplicar directamente el jugo hecho con hojas de cilantro fresco u hojas de llantén.

Dermatitis del pañal:

Colocamos un puñado de hojas de llantén frescas y lavadas en un mortero, machacamos hasta obtener el jugo de las hojas y lo colamos. Derretimos dos cucharadas de vaselina sólida y una cucharada de lanolina. Cuando la mezcla está derretida, agregamos una cucharada del jugo de llantén, mezclamos la preparación, dejamos enfriar y la conservamos cerrada en un recipiente dentro de la heladera. Aplicamos tres veces por día en la zona de la piel afectada.

Masaje ayurvédico

Un instrumento para la depuración

Los libros sapienciales de la India llamados Vedas nos hacen partícipes de un saber esencial: "Para gozar de una vida sana, feliz e inspirada, el primer requisito es la salud".

Entre los instrumentos necesarios y al alcance de la mano para la salud y el equilibrio, el Ayurveda incluye una forma ancestral de masaje *(abhyanga)*.

Con esta herramienta, podremos hacer frente y neutralizar los efectos del estrés o insomnio que tanto daño nos afligen, como dos aspectos desafortunados de la vida actual que generan enfermedad tanto en el plano físico como en el psíquico, y conducen al comienzo del envejecimiento. Los mecanismos inapropiados de degeneración celular causan que la energía vital *(prana)* se distribuya de manera pobre, desordenada, con un orden anárquico que nos lleva a una constante fatiga y a la pérdida de la felicidad, lo que hace imposible disfrutar de nuestra maravillosa vida.

Un sabio médico como Charaka mencionó y nos recordó los beneficios del masaje, en especial para lograr el rejuvenecimiento. Según esta sabiduría, el masaje:

* Previene y corrige los procesos de envejecimiento.
* Supera la fatiga.
* Elimina las impurezas.
* Previene y corrige los problemas causados por el aumento de Vata.
* Incrementa la nutrición del cuerpo.
* Estimula la longevidad.
* Induce el sueño.
* Aumenta la suavidad y la elasticidad de la piel.
* Estimula la resistencia y la fuerza de la piel.

Para el Ayurveda, todo lo que ingresa en el sistema mente-cuerpo se toma como alimento. Pero de ese proceso de alimentación se generan toxinas que deben ser eliminadas. Sin embargo, algunas de estas sustancias tóxicas se estancan y producen los primeros estadios de la enfermedad. Y si esta forma de funcionamiento de nuestra fisiología continúa en el tiempo, el organismo pierde sistemáticamente la posibilidad de aprovechar todo el caudal de energía vital y nutricia que nos brinda la naturaleza y que ingresa por todos los sentidos en nuestro ser. Por ello, el Ayurveda nos aconseja que procuremos el equilibrio y nos regala la forma con que podemos alcanzarlo, para así liberar estas toxinas, hacer que ingrese el prana y conducirlo a todas las partes del complejo mente-cuerpo.

El papel depurador del masaje es fundamental para liberar los canales corporo-mentales *(srotas y nadis)*, de modo que fluyan las energías que estimulan los procesos generadores de enzimas electroquímicas, sustancias como las endorfinas, las hormonas del crecimiento, y que también favorezcan la eliminación de las sustancias que generan dolor y estrés, todo lo cual nos ayudará a rejuvenecer el cuerpo.

Los *srotas* son canales corporales como el tracto digestivo (boca, esófago, estómago, intestinos), el respiratorio, las arterias y las venas. Todo canal por el que fluya alguna sustancia (alimentos, sangre, aire) será un *srota*.

Los *nadis* son canales por los que fluye el *prana* que alimenta cada partícula y célula de la unidad mente-cuerpo. Se los encuentra por miles en nuestro ser, y gracias a ellos llega a las células el *prana* nutricio de la naturaleza. Ellos mantienen la memoria de la totalidad.

El órgano de la piel

Uno de los sistemas complejos y a la vez sabios sobre los que el masaje trabaja directamente es la piel. Se trata de un órgano que cumple con un sinnúmero de actividades fundamentales para nuestro bienestar y equilibrio, ya que interactúa con todo lo que se encuentra en nuestro interior y exterior. Gracias a la piel, a través de los *srotas* y los *nadis*, se ingresa a los diferentes sistemas del cuerpo:

* Inmunológico
* Respiratorio

* Circulatorio
* Nervioso
* Muscular
* Óseo
* Digestivo
* Endocrino
* Linfático

Sobre todo, el órgano de la piel tiene una interconexión muy especial con el sistema nervioso central o el cerebro, y así accede a todas las partes del cuerpo, desde lo físico hasta lo mental y lo emocional.

Aquí detallamos algunas de las funciones de la piel que contribuyen a nuestro equilibrio:

Funciones de la piel
* Protección mecánica del exterior
* Secreción sebácea y sudorípara
* Eliminación de toxinas y gérmenes
* Regulación térmica y sensorial
* Renovación celular
* Estimula la pigmentación
* Absorción de nutrientes y de *prana*

El masaje ayurvédico trabajará directamente sobre los tres Doshas y los *gunas* que circulan como energías vitales por los canales corporales. A través de la piel, el masaje activará los recursos positivos de los sistemas vascular, linfático y nervioso: desde la linfa, con su potencial de inmunidad, hasta la distribución de nutrientes y hormonas que nos brinda el sistema vascular. Junto con los receptores nerviosos, ellos forman el sistema de eliminación de desechos corporales. Estos receptores convierten los estímulos electroquímicos externos en sensaciones cerebrales que posibilitan el equilibrio y el sostén de la salud. Cuando no se cumple esta regla de evacuación y se estancan en la piel los residuos del metabolismo celular, aparecen las enfermedades cutáneas.

Otra forma de estimular estos importantes y complejos sistemas es mediante la práctica de ejercicios físicos como el Hata Yoga, ejercicios de respiración como los de *pranayama*, o alguna actividad física de práctica regular.

Masaje y tipos corporales

Una de las más importantes funciones de la piel es la sensorial. Y el tacto es uno de nuestros principales medios de comunicación.

El masaje es fundamental para lograr el equilibrio de Vata, porque si lo practicamos con aceites adecuados lograremos mantener la humedad, la flexibilidad y la calidez para lograr el perfecto equilibrio que necesita el frío seco de este Dosha. El masaje aliviará síntomas molestos como ansiedades, miedos y malestares corporo-mentales que producen distracciones, cansancio e insomnio. De allí la importancia de un masaje adecuado para el equilibro de Vata: que neutraliza los inconvenientes y con ello, *contagia* este equilibrio a Pita y Kapha.

104

Las personas que tienen más Vata en su cuerpo son las que más necesitan del masaje, ya que su sentido del tacto es mucho más agudo y son propensas a sentir demasiado el dolor. Por medio del masaje, se apacigua el tacto y puede ubicarse a Vata en un nivel energético apropiado. En síntesis, las personas con este tipo corporal deben tomar masajes con regularidad.

Las personas Pita tienen una piel irritable y muy vascularizada, y tienden a ruborizarse con facilidad. Por ello, deben usar un aceite adecuado y en buena cantidad para refrescar y relajar la piel. Por otra parte, dado su tipo muscular fibroso y la actividad intensa que realizan, es probable que estas personas busquen recibir masajes intensos; sin embargo, deben tener cuidado porque este tipo de masaje las descompensa, ya que les transmite lo opuesto de lo que necesitan, que es relajarse.

Los de tipo Kapha requieren masajes profundos y bastante firmes para despertar la quietud y pereza de sus tejidos y de su sistema circulatorio. En ellos se debe usar la menor cantidad de aceite posible. Si el masaje es seco, equilibrará el tipo de piel que tienen, que es grasosa, húmeda y fría.

Consideraciones básicas

Para realizar un masaje adecuado, es preciso atender las siguientes consideraciones, de modo de no infligir daño a la persona.

Es preciso determinar el Dosha constitucional y la estación predominante en esa época del año, ya que de esto depende cómo se ambientará el lugar del masaje. Por ambientación también entendemos trabajar con fragancias adecuadas a la persona (aromaterapia), en concordancia con el aceite y la esencia que se utilizarán.

El masajista debe estar higienizado física y mentalmente. Se recomienda realizar rutinas de alimentación integral con prácticas de ejercicios de movimientos psicofísicos del tipo Yoga o Tai chi, y conocer las técnicas de ejercicios respiratorios del estilo *pranayama*. Estas son herramientas básicas para el cuidado del masajista, quien realiza un trabajo con interacción energética y debe erigirse en el mejor canal equilibrado y neutro, de transmisión de esas energías. De este modo, el masajista evitará contraer enfermedades, así como transmitirlas a quienes reciben el masaje.

Los marmas

Los ancianos sabios del Ayurveda descubrieron determinados puntos distribuidos en todo el cuerpo, por los cuales debe fluir correctamente el *prana* y así el organismo pueda conservar la salud. Se trata de los *marmas*, aquellos puntos donde se unen la materia y la conciencia; es decir, donde convergen las fuerzas sutiles de los Doshas Vata, Pita y Kapha, y de los *gunas sattva, rajas y tamas*.

Por ende, en ellos se encuentra la mayor concentración de inteligencia organizadora del cuerpo.

El número de *marmas* supera los mil, de los cuales 365 son los verdaderamente importantes. Entre estos últimos, se encuentran los 107 puntos letales utilizados en un arte marcial del sur de la India. Los que se utilizan con frecuencia en los tratamientos ayurvédicos son 46.

Se dice que estos puntos son regiones anatómicas donde están presentes dos o más de las siguientes estructuras: vasos sanguíneos o linfáticos, nervios, ligamentos, tendones, músculos y articulaciones.

Para el Ayurveda, un punto *marma* indica una concentración de *prana*, y si este punto se encuentra afectado, la energía no fluye por él libremente y puede producirse la enfermedad o la muerte. De modo que el masaje y la presión adecuada de estos puntos son sumamente beneficiosos.

Aceites y esencias

Los aceites del masaje ayurvédico son de origen vegetal, por su fácil asimilación en la piel; incrementan el plasma, la sangre y el tejido muscular, y activan los *agnis* de los diferentes tejidos corporales.

Otra propiedad importante de los aceites es la de transportar el *prana* del aceite y la energía de los nadis que se encuentran en la piel.

Son productos oleosos, volátiles y odorantes extraídos de un vegetal por destilación al vapor, prensa fría, exprimido, incisión y disolución. Las esencias se volatilizan por el calor. Se dice de las esencias que son las hormonas de las plantas ya que una gota de aceite esencial posee todas las propiedades de la planta a la que pertenece y toda la fuerza vital que la caracteriza.

Aceites base

Aceite	Sabor y función	En los Doshas
Almendra	Dulce, calorífico, mucolítico, expectorante, tónico del sistema nervioso.	– V, +PK
Caléndula	Amargo, picante, refrescante, antiespasmódico, bactericida, antiinflamatorio.	– PK, + Vg
Castor	Dulce, picante, calorífico, mucolítico, analgésico, tónico del sistema nervioso.	– V, + PK
Coco	Dulce, ligero, suave, refrescante, diurético, refrigerante, tónico.	– VP, +K
Germen de trigo	Antioxidante (rico en vitamina E), cicatrizante.	VPK
Ghee	Dulce, calmante, laxante, desintoxicante, cicatrizante, rejuvenecedor de mente/sistema nervioso.	– VPK
Girasol	Dulce, ligero, suave, refrescante, tónico, calma inflamación de la piel, bactericida.	– VPK
Lino	Dulce, picante, astringente, calorífico, laxante, nutritivo	– VnK, + P
Maíz	Dulce, ligero, suave, calorífico.	nVK, + P
Mostaza	Picante, liviano, calorífico, estimulante, antiflatulento, antiartrítico.	– VK, + P
Oliva	Liviano, calorífico, laxante, antirreumático.	– VK, nP
Sésamo	Dulce, amargo, astringente, calorífico, tónico, nutritivo mucolítico, rejuvenecedor.	– VnK, + P

Referencias: + = aumenta; – = reduce; n = neutraliza el desequilibrio.

107

Aceites Esenciales para cada tipo corporal

✳ *Para Vata:*
Jazmín, rosa, sándalo, cardamomo, canela, lavanda, azafrán, lila, incienso, nuez moscada, enebro, mejorana, mirra, albahaca, musk.

✳ *Para Pita:*
Sándalo, jazmín, fenogreco, coriandro, lavanda, menta, limón, azafrán, naranja, lila, rosa, manzanilla, melisa.

✳ *Para Kapha:*
Salvia, mirra, pachulí, eucalipto, cardamomo, canela, limón, lima, geranio, albahaca, alcanfor, clavo de olor, cedro, musk.

Combinaciones

Generalmente, en el Ayurveda no se combinan los aceites base; lo que se recomienda es la combinación con hierbas o aceites esenciales.

✳ *Combinación para Vata:*
   * Aceite de girasol: 100 ml
   * Esencia de almendras: 20 gotas
Calentar el aceite de girasol aproximadamente 5 minutos, retirar del fuego y mezclar con el aceite esencial. Colocar en un recipiente y tapar para mantener caliente mientras se realiza el masaje.

✳ Combinación para Kapha:
   * Aceite de oliva o maíz: 75 ml
   * Ghee: 2 cucharadas
   * Esencia de eucalipto o limón: 10 gotas
Derretir el ghee a fuego lento y luego agregar el aceite de oliva o maíz y dejar que se caliente durante unos 5 minutos. Retirar del fuego y mezclar con la esencia. Mantener caliente mientras se realiza el masaje.

✳ Combinación para Pita:
  * Aceite de coco: 75 ml
  * *Ghee*: 2 cucharadas
  * Esencia de coriandro o rosa: 10 gotas
Los mismos pasos que en Kapha, pero calentar sólo 2 o 3 minutos.

Cómo preparar *ghee*

Se llama *ghee* al proceso de la manteca que se purifica a través de la cocción. Tiene la cualidad de refrescar la mente, la memoria y la digestión. En el Ayurveda, se lo utiliza como vehículo de transporte de sustancias medicinales a lo más profundo de los tejidos del organismo. Penetra profundamente y llega a todas los Doshas, con lo que favorece el equilibrio y limpia los excesos.

Se prepara introduciendo un pan de manteca (preferentemente sin sal) en una cacerola limpia de restos de comida. A fuego mínimo y con un difusor de calor para que no se queme, observamos cómo se derrite la manteca. Cuando está líquida, la manteca empieza a despedir una espuma que debe retirarse con una espumadera hasta que deje de despedirla; esto dura unos 25 minutos. Cuando la manteca derretida toma un color ámbar y se puede observar el fondo a través de ella, apagamos el fuego. Ya hemos logrado el *ghee*.

El paso siguiente es colarlo en un recipiente de vidrio, ya que si miramos el fondo de la cacerola observaremos un sedimento negro: son las impurezas (como la espuma que retiramos al principio). Lo colamos con un trozo de lienzo limpio o de algodón. Una vez colado en el recipiente de vidrio, guardamos el *ghee* a temperatura ambiente (no necesita heladera).

Combinaciones con jugos frescos

El jugo fresco de raíces como el jengibre o el ajo se puede mezclar con un aceite base de acuerdo con el Dosha. Se hacen dos partes de aceite y una de jugo para Vata y Kapha. En cambio, para Pita se combina el aceite con jugo fresco de menta o cilantro, y se le puede agregar una parte de áloe vera, algo que lo hará refrescante.

Automasaje

Es recomendable realizar al menos una vez por día un automasaje para contribuir al equilibrio interno y a revertir los procesos de envejecimiento en una vida diaria influenciada por el cambio estacional y el estrés del trabajo.

Se necesitan de 3 a 5 cucharadas soperas de aceite tibio para un masaje completo. Todos los movimientos serán suaves y lentos, para terminar el día con un buen dormir; y al contrario, para comenzar el día con más energía; realice el masaje de forma que genere calor en la piel y en las manos.

El automasaje se realiza mediante fricciones sobre la piel, sin forzar los músculos y tendones, para lo cual se necesita tener siempre aceite en las manos (excepto en la constitución Kapha, que requiere la mitad del aceite que los Pita y los Vata). La aplicación del aceite mejorará el transporte y la circulación de *prana* en el cuerpo.

Empezamos con una postura sentada y cómoda, tomando conciencia de nuestra respiración en todo momento del automasaje, ya que será un momento importante de movilización de *prana*. En un cuenco, tendremos a mano el aceite tibio y una toalla bajo los pies.

1. Cabeza (2 minutos aproximados)

Comenzaremos por untar los dedos de las manos con aceite y realizar fricciones circulares pequeñas y suaves por el cuero cabelludo, como si estuviéramos lavándonos el cabello. Sin cortar el movimiento, descendemos a la frente por el medio del entrecejo, y con los dedos enfrentados, nos deslizamos hacia las sienes como despejando las arrugas. Lo realizaremos tres veces. En las sienes, friccionamos en círculos suaves y relajados. Esos movimientos continuarán hasta llegar al mentón, pasando por las mejillas. En las orejas masajeamos lentamente y realizaremos pequeños estiramientos hacia arriba, abajo y afuera, produciendo un movimiento de energía en toda la cabeza.

Tomamos más aceite en las manos y continuamos por detrás del cuello y la nuca, siempre con movimientos de fricción circular.

2. Tren superior (5 minutos aproximados)

Cuando llegamos al hombro, comenzamos a hacer movimientos circulares envolventes con la palma de la mano. Trabajamos así sobre el hombro y el codo, y entonces le sumamos todo el brazo, con movimientos largos envolventes hacia la muñeca por todos los lados. En la muñeca, comprimimos sintiendo toda la articulación. Pasamos por las manos, sobre las cuales usaremos el pulgar para la fricción de la palma y el dorso. En los dedos realizamos movimientos de tirabuzón comprimiéndonos las uñas suavemente. Luego, trabajamos el otro hombro y el brazo, por lo menos con tres pasadas por cada lugar.

3. Tronco (3 minutos aproximados)

Masajeamos los pectorales siempre en fricción circular suave y con aceite. Ampliamos los movimientos y abarcamos la parte inferior de las axilas, sin olvidar el esternón, con fricciones ascendentes y descendentes.

Untamos con aceite el ombligo, y con movimientos circulares espiralados en dirección horaria, abarcamos la región abdominal.

Como podamos, con ambas manos friccionamos la cintura y la región lumbar y sacra. Aquí habrá movimientos más profundos para llegar a los glúteos.

4. Piernas (5 minutos aproximados) ·

Utilizando movimientos envolventes, circulares y amplios combinados con movimientos lineales, friccionamos con aceite todos los lados del muslo. En la rodilla doblada realizamos movimientos circulares. En la pantorrilla apoyada sobre la otra pierna o sobre un banquito, masajeamos de la misma manera que en el muslo, sin olvidar el tobillo.

5. Pies (2 minutos aproximados)
Aquí aplicamos una mayor presión de masaje. Presionamos todas las partes del pie, con énfasis en el estiramiento de cada dedo. Finalizamos con una compresión de todo el pie, desde el talón hasta los dedos, pasando por el arco.

Tomamos unos minutos de descanso meditativo sintiendo cómo circula todo el *prana* y permitiendo al aceite aplicado penetrar en nuestro interior. Luego, podremos realizar algunas *asanas* de Yoga o tomar un baño con agua tibia.

 La armonía en el hogar

La armonía en el hogar

Para los sabios de la India, la energía femenina equilibrada en el hogar es el requisito de una sociedad saludable y armónica. Por lo tanto, es un deber de toda la familia crear una atmósfera propicia para que la mujer, con todos sus cambios fisiológicos de salud, pueda realizar su *dharma* (deber).

El nombre correcto de la energía femenina es Shakti: ella es la Madre encargada de la creación de todas las cosas que vemos y sentimos. La Madre Shakti es la fuerza más poderosa de las mujeres y del universo. Su poder va más allá del espacio del útero y de la magia de traer nueva vida al mundo.

El útero tiene una función divina heredada de la naturaleza: cultivar el poder de nutrición, protección y salud en todo lo que nos rodea. Al trabajar con esta energía, las mujeres descubren en sí mismas una profunda salud física y espiritual.

Los ciclos menstruales

Lo que en esencia se debe tener en cuenta para la armonía de la mujer y para una energía equilibrada en el hogar son los ciclos menstruales. Hay tres variantes del síndrome premenstrual (SPM) según los diferentes Doshas. Las tres pueden aliviarse mediante la prevención y la práctica regular de actividades y ejercicios una semana antes del supuesto comienzo del período menstrual.

❋ *SPM en Vata*

Los síntomas ligados a los biotipos Vata tienen la característica de ser irregulares en la fecha de menstruación, con flujo de sangre escaso y dolor de ovarios con estreñimiento. En lo emocional, Vata tiene un humor cambiante, con ansiedad e insomnio. Las mujeres de este tipo corporal deben tener en cuenta la pérdida de calcio (frecuente en Vata), por lo que como medida preventiva es conveniente ingerir alimentos ricos en este elemento.

Para equilibrar a Vata, debe tomarse antes de las comidas (tres veces por día) una cucharada de jugo de áloe vera con una pizca de pimienta negra.

Además, preparar una infusión de 1/2 cucharadita de té de jengibre fresco con un trozo pequeño de canela en rama. Endulzar con miel. Tomar antes del desayuno y por la noche antes de acostarse.

✳ SPM en Pita

Este biotipo es más regular en las fechas del período menstrual, aunque este es más prolongado. Suele ir acompañado de diarrea y calambres musculares. Los pechos se tornan más sensibles, aparece el acné, hay un exceso de calor corporal y frecuentes dolores de cabeza. En el aspecto emocional, se está más irritable y aparecen los *antojos*.

Para equilibrar a Pita, tomar una cucharada de jugo de áloe vera con una pizca de comino en polvo después del desayuno durante la semana anterior a la menstruación y durante los días molestos.

Además, es conveniente preparar una infusión de té de manzanilla con una pizca de regaliz en polvo y otra de azafrán. Tomarla al mediodía.

✳ SPM en Kapha

Aquí los ciclos son de regularidad exacta, con pocos dolores y calambres musculares, aunque con propensión a infecciones micóticas. La retención de líquidos es común, con pechos hinchados y sensibles. La somnolencia también es característica.

Para equilibrar a Kapha, tomar una cucharada de jugo de áloe vera con una pizca de trikatu (jengibre, pimienta negra y pimienta cayena) en polvo, antes de desayunar.

Preparar también una infusión de té de poleo con una pizca de jengibre. Endulzar con miel.

**Pranayama para el síndrome premenstrual
en los tres tipos corporales**
Colocar un par de gotas de ghee líquido en cada fosa nasal y respirar profunda y forzadamente durante dos minutos. Esta acción sirve para devolver el equilibrio a todo el organismo.

❋ *Yoga para el SPM*
Con regularidad a lo largo del mes, realizar posturas que incluyan estiramientos generales del aparato locomotor, combinadas con ejercicios respiratorios, caminatas de treinta minutos o cualquier actividad aeróbica. Luego, durante el período menstrual, disminuir la actividad física realizando ejercicios más relajantes y confortables.

Las energías sutiles

El Ayurveda también propone trabajar con energías sutiles para mantener una vida equilibrada, larga y saludable.

Desde el momento en que nacemos, comienza un camino de crecimiento y desarrollo que nos lleva en forma inevitable hacia el envejecimiento, la declinación y finalmente la muerte del cuerpo físico. Pero en todo momento, poseemos mecanismos por los cuales la fisiología está trabajando constantemente para regenerar los tejidos y mantener el equilibrio.

Como hemos visto, los Doshas juegan un rol muy importante en ese proceso. Profundizando este conocimiento, nos encontramos con energías más sutiles que los Doshas, que en el Ayurveda se denominan *prana*, *ojas* y *tejas*. Son las energías que mantienen el equilibrio mente-cuerpo.

Prana
Es la energía o fuerza vital que lleva a cabo los procesos de respiración, oxigenación y circulación. Posee las características del aire: es

ligera, móvil y sutil. Coordina la respiración, los sentidos y la mente. Su lugar de asiento es la cabeza, ya que esta energía está relacionada con funciones cerebrales, como el proceso del pensamiento, las emociones y la memoria.

Ojas

Es la energía esencial de los siete tejidos corporales. Representa la fuerza más sutil del sistema reproductor y del sistema inmunitario. Se ubica en el corazón y está considerada la fuerza que controla las funciones de la vida, con ayuda de *prana*. En el plano psicológico, ojas se relaciona con la compasión, el amor, la paz y la creatividad.

Tejas

Es la energía más sutil que gobierna el metabolismo mediante el sistema enzimático. Propicia todos los procesos digestivos; favorece la absorción y la asimilación de los alimentos. Es la energía necesaria para la nutrición y la transformación de cada tejido corporal o *dathu*. En el orden psicológico, permite digerir las impresiones y los pensamientos. Además, provee el coraje y la fortaleza para llevar a cabo actividades extraordinarias.

Cuando estas energías sutiles se desequilibran, ocurren deficiencias en el sistema inmunológico: los tejidos corporales se enferman y propician la aparición de tumores.

Una dieta inapropiada, hábitos de vida inadecuados, la polución ambiental y el consumo de drogas son las causas más comunes de la alteración de estas tres energías.

Rejuvenecimiento y desintoxicación

Para la longevidad, es importante mantener en equilibrio a *prana*, *tejas* y *ojas*. Las terapias rejuvenecedoras o *rasayanas* de la medicina Ayurveda trabajan con estas tres energías sutiles para equilibrar los Doshas y favorecer la eliminación de los desechos corporales. Esas terapias utilizan agentes con propiedades regenerativas apropiadas para cada tipo corporal y edad que optimizan el metabolismo general, la nutrición y las funciones del aparato digestivo, y mejoran la memoria, fortalecen el sistema inmunológico y aumentan la vitalidad general.

Lo primero que se debe realizar es una limpieza del cuerpo físico. Esto lo podemos hacer mediante una terapia de desintoxicación, como el *purva karma* y el *pancha karma*.

Purva karma

Está considerado el primer tratamiento de limpieza que se puede brindar al cuerpo. Incluye dos aspectos: el masaje con aceite *(senhana karma)* y la terapia del sudor *(swedana karma)*.

La *senhana karma* es una terapia de oleación interna (se ingieren aceites especiales) y externa (se aplican aceites sobre la piel para favorecer la eliminación de toxinas), que ayuda al organismo a liberar el exceso de Vata. Su aplicación dura varios días. También se utilizan combinaciones de aceites específicos para tratar problemas como la ansiedad, el estrés, el insomnio, la artritis, etc.

La *swedana karma* o terapia del sudor se emplea para favorecer la eliminación de toxinas a través de la piel mediante la aplicación de vapor herbal. Es más efectiva en combinación con masaje y aplicación de aceites.

Pancha karma

En general, este tratamiento se realiza después del *purva karma*. Se trata de un programa de desintoxicación que tiene como objetivo la purificación de la mente y el cuerpo. Consta de cinco procedimientos:

Virechana. Es una terapia purgativa que se utiliza para eliminar *ama* o toxinas de los intestinos. Además, ayuda a eliminar el exceso de Pita de los intestinos delgados, limpia la sangre, el hígado y el bazo. Consiste en tomar una sustancia oleaginosa seguida por otra con efecto purgante o laxativo, como la hoja de sen, la cáscara sagrada, el diente de león, las semillas de lino o *psyllium*. Está contraindicada en enfermedades como la colitis ulcerosa, la diarrea aguda o crónica y enfermedades del intestino grueso.

Basti. Así se denomina a la aplicación de enemas que pueden realizarse simplemente con agua tibia o más complejos a base de hierbas y aceites medicinales. Es útil para eliminar los excesos de Vata en el intestino grueso, en el recto y en la región lumbosacra. Además, puede emplearse en trastornos como estreñimiento, dolor de columna lumbar, ansiedad, disfunciones sexuales o enfermedades osteoarticulares. Está contraindicada su realización cuando existe sangrado rectal, diarrea, procesos infecciosos y diabetes.

Raktamokshana. Consiste en extraer pequeñas cantidades de sangre para eliminar los excesos de Pita en el torrente circulatorio, en la linfa y en los tejidos profundos. Tiene el objetivo de estimular el sistema inmunológico y desechar las toxinas del sistema circulatorio. La aplicación de esta terapia está recomendada en trastornos de la piel como acné, psoriasis, eccemas, urticarias o procesos infecciosos. También es útil para enfermedades del hígado o el bazo. Sin embargo, se usa poco en la práctica diaria, y en su reemplazo suelen utilizarse hierbas medicinales con similar efecto. Algunas de las plantas medicinales que pueden usarse para este fin son cola de caballo, cúrcuma, bardana y clavo rojo.

Vamana. Propone la ingestión de líquidos o hierbas medicinales para provocar vómitos terapéuticos, generalmente en problemas respiratorios y para tratar el exceso de Kapha en el estómago y en el aparato respiratorio. En la actualidad, es una terapia en desuso, y si se aplica, debe ser bajo estricta supervisión médica.

Nasya. Es la aplicación de preparados de plantas medicinales a través de las fosas nasales. Es útil para el tratamiento del exceso de Kapha en la región de la cabeza y el cuello. Ayuda a la limpieza de toxinas acumuladas en los senos nasales, la garganta y la cabeza. Puede utilizarse en forma específica para enfermedades de las vías aéreas superiores como sinusitis, laringitis, catarros, rinitis alérgicas, o padecimientos como las migrañas o neuralgias. Está contraindicada durante la menstruación y el embarazo, como tampoco se recomienda aplicarla después de comer o de realizar una actividad física.

Terapias tonificantes para la pareja

En el mundo moderno, la insatisfacción sexual es causa de múltiples enfermedades, sobre todo en las mujeres, ya que es un factor por el cual se desequilibra el Dosha Vata, lo que produce irregularidades en los ciclos menstruales y dismenorrea o dolor en la menstruación.

La fatiga sexual aparece por exceso de relaciones sexuales, sexo insatisfactorio y autocomplacencia. Tiene como consecuencia la pérdida de *ojas* y el debilitamiento de los tejidos reproductores. Puede manifestarse como pérdida de la libido, impotencia y falta de motivación sexual.

Las causas que influyen sobre la fatiga sexual son la ansiedad, la depresión y los problemas conyugales. La frustración sexual intensifica los síntomas de desequilibrio en los órganos sexuales femeninos. En el aspecto emocional es causa de ira e insatisfacción, factores de frustración. En estas circunstancias, es muy difícil que una mujer pueda embarazarse y, si lo lograse, esa energía de insatisfacción se traspasaría al niño por nacer.

Por estas razones, es muy importante que la pareja que desea tener un hijo se prepare en forma adecuada para la concepción, sabiendo que el amor y el sentimiento de bienestar de la pareja se transmitirán al hijo, por lo que deben procurar para él la constitución más saludable posible.

El Ayurveda nos explica que la sexualidad se basa en el amor mutuo dentro de la pareja. La sexualidad está en estrecha relación con el Dosha Vata. Para evitar el desequilibrio de este y producir con ello una pérdida excesiva de energía, el Ayurveda propone tener una actividad sexual regulada.

Algunas recomendaciones son:

* Mantener relaciones sexuales durante la noche, ya que es el tiempo regido por el Dosha Kapha y es cuando existen menos probabilidades de que se produzca un desequilibrio en Vata.

* Con respecto a las estaciones del año, el Ayurveda aconseja que la frecuencia de las relaciones sexuales en invierno sea de dos veces por semana; en primavera y otoño, una vez semanal, y en verano, cada quince días.

* Por otra parte, es mejor evitar tener relaciones sexuales durante el período menstrual así como durante una enfermedad o convalecencia.

La relación sexual con calidad, cuidado, basada en el compartir y en el amor mutuo se convierte en un acto que aumenta *ojas* y preserva la salud.

Para realizar un plan de rejuvenecimiento en pareja con el objetivo de aumentar *ojas* y mejorar la sexualidad, se aconseja comenzar con un primer período de abstinencia en las relaciones sexuales por lo menos de un mes, porque este es el tiempo que el organismo necesita para reconstruir las reservas de *ojas* en forma natural.

Existen alimentos, plantas medicinales y aceites dentro de esta terapia. La mayoría de las hierbas que se utilizan para fortalecer los tejidos reproductivos y aumentar ojas tienen la particularidad de ser afrodisíacas, tónicas y estimulantes. Tienen la función de mejorar la vitalidad y el funcionamiento sexual. Dan sustento a los tejidos del aparato reproductor y los nutren. Las plantas y semillas que tienen cualidades nutritivas son: angélica, clavo de olor, regaliz, palmito y semillas de sésamo. Las que tienen cualidades tónicas y estimulantes son: fenogreco, azafrán, ginseng y semillas de loto.

También se recomienda:

* La miel pura, sin filtrar, como vehículo que facilita la absorción de los principios activos de las hierbas que vitalizan los tejidos reproductivos. Hay que tener en cuenta que la miel a alta temperatura se vuelve toxica, razón por la cual si la usamos, por ejemplo, para endulzar una infusión, debe esperarse a que la infusión llegue a temperatura ambiente para agregarle la miel.

* Consumir leche tibia, *ghee*, meditar y procurar un descanso reparador.

Algunas fórmulas caseras para aumentar *ojas* y mejorar la sexualidad, que pueden consumir ambos sexos, son:

Con almendras

* Dejar en remojo 10 almendras durante toda la noche; a la mañana pelarlas y comer en ayunas.

* Licuar almendras remojadas y peladas, con una taza de leche, una cucharada de *ghee*, una cucharada de azúcar, una pizca de nuez moscada y una pizca de azafrán.

Con dátiles

* Colocar 10 dátiles frescos en un cuarto de taza de *ghee*, agregar: una cucharada de jengibre, 1/8 de cucharada de cardamomo y una pizca de azafrán.

* También puede consumirse un dátil diariamente por las mañanas antes del desayuno.

123

Con manzanas

* Pelar cinco manzanas, hacer un puré, agregar miel a gusto, 1/4 de cucharadita de polvo de cardamomo, una pizca de azafrán, una pizca de nuez moscada y 10 gotas de agua de rosa. Se recomienda consumir después de la cena.

Con higos y miel

* Tres higos con una cucharada de miel después del desayuno, acompañados de un vaso de *lassi*. El *lassi* se prepara con una taza de yogur natural, al cual se agrega una taza de agua. Luego se licua hasta obtener una bebida homogénea.

Terapia de tonificación con alimentos, especias y plantas medicinales

❋ **Para Vata:** leche, *ghee*, nueces, ajo, semillas de loto, cebolla, alcachofa.

❋ **Para Pita:** ghee, caña de azúcar, leche. La planta principal para equilibrar y tonificar a Pita es el áloe vera.

❋ **Para Kapha:** pimienta, ajo, clavo de olor. También el *trikatu* (partes iguales de pimienta negra, pimienta blanca y jengibre en polvo) más una pizca de clavo de olor en polvo.

Ayurveda durante el embarazo

En el Ayurveda, la madre representa la vida interior, la verdadera casa de la humanidad y lo esencial en cada ser. Es la energía que provee sostén, nutre y da descanso. Para un niño, la atención de la madre es considerada la mejor medicina. Ella es la dadora de amor y la proveedora de integridad personal.

La mujer puede realizar una sencilla rutina ayurvédica diaria con el objetivo de mejorar la elasticidad y flexibilidad de la pelvis, equilibrar la energía Vata que es la responsable de los procesos que se desencadenan en el trabajo de parto y ayudar al bebé a salir tal como es deseado, saludable y dotado con las mejores cualidades.

La rutina consiste en:

* Levantarse por la mañana en el tiempo de Vata (treinta minutos antes del amanecer).

* Higienizar la lengua y la boca.

* Colocar aceite de sésamo en los genitales externos para favorecer la elasticidad de los tejidos y la preparación para el parto.

* Practicar Yoga, en lo posible, o incorporar caminatas diarias.

* Realizar actividades que generen placer y relax.

* Darse automasaje con aceites nutritivos, desde el principio, para ayudar a relajar e incorporar las cualidades nutritivas de los aceites, además de mantener la elasticidad de la piel.
* No saltear comidas, mantener horarios regulares. Dentro de los alimentos que se consuman debe preferirse el sabor dulce y la dieta equilibradora para Vata.
* Tomar en forma regular leche con una cucharadita de ghee o leche con avena arrollada cocida previamente con *ghee*.
* Ingerir alimentos ricos en hierro, como la espinaca, las lentejas y los lácteos.
* Incorporar ácido fólico mediante cereales integrales, verduras de hoja verde y frutos secos.

Recomendaciones especiales
En caso de naúseas, comer frecuentemente comidas sólidas, en pequeñas cantidades; evitar las comidas grasosas, tomar agua tibia con limón y masticar semillas de cardamomo.

Para la constipación, que es un problema frecuente en esta etapa, beber abundante líquido, aumentar el consumo de fibra, incorporar el hábito de comer una o dos ciruelas lavadas antes del desayuno y tomar sopas con avena de salvado.
Para la acidez, evitar los picantes y las comidas grasosas. Tampoco conviene acostarse apenas se termina de comer.
En caso de hinchazón de piernas o edema, evitar mantenerse muchas horas de pie, no consumir sal en exceso e incorporar la actividad física suave, como el Yoga, la natación o las caminatas.

Prevención de la osteoporosis

Como regla general, la mujer debe intentar recrear su estilo de vida alrededor de la memoria materna, ya que en ella radica su más íntima habilidad de sanar. En el interior de cada mujer, la madre terrenal es el instrumento del amor y la sabiduría.

Con el paso del tiempo y en especial durante el período de vida en el que predomina Vata (de los 55 años en adelante), hay un aumento natural de síntomas ligados al desequilibrio de este biotipo. En el caso de la osteoporosis, incrementa la porosidad de los huesos por el aumento de Vata en ellos y en las articulaciones, lugares por donde circula naturalmente la energía de este Dosha. A esto hay que sumarle una disminución considerable de la actividad física y un descenso marcado del peso corporal.

Durante este período de la vida, algunas personas pierden gran cantidad de masa ósea, lo que deriva en una estructura esquelética débil. La cadera, los antebrazos y la columna vertebral se convierten en los puntos más débiles y desarrollan una tendencia a padecer fracturas.

De nuevo, lo mejor que podemos hacer es prevenir. Para aquellos que ya transitan este período, lo mejor que pueden hacer es ponerse a trabajar. El ejercicio físico mantiene los huesos fuertes y, sobre todo, aumenta la resistencia general del cuerpo, algo de gran valor para la mujer que atraviesa la menopausia. Lo ideal sería gratificarse a sí misma con 30 minutos de ejercicios simples y con plena conciencia de lo que se realiza. Caminar al sol y andar en bicicleta son actividades muy recomendables para este propósito, ya que tienen un bajo impacto físico.

Las actividades físicas que se recomiendan específicamente para la prevención y/o mejoría de los síntomas de osteoporosis son:

* Yoga
* Tai chi
* Chi gong
* Caminatas al sol
* Bicicleta
* Ejercicios aeróbicos con pesitas

Por último, el calcio es un componente vital en la formación y mantenimiento de los huesos, y debe combinarse su ingesta con las actividades físicas mencionadas. Es conveniente implementar una dieta rica en calcio y minerales naturales a partir de los 40 años, junto a una rutina diaria de caminatas al sol para incorporar vitamina D en forma natural gracias al regalo que nos da el cielo.

Los alimentos recomendados son (además de una botella de agua mineral):

* Leche
* Zanahoria
* Queso
* Coco
* Semillas de sésamo
* Leche de soja
* Miel de caña
* Higos
* Pasas de uva
* Semillas de girasol